Karl Boy-Ed

Peking und Umgebung.

Nebst einer kurzen Geschichte der Belagerung der Gesandtschaften

weitsuechtig

Karl Boy-Ed

Peking und Umgebung.

Nebst einer kurzen Geschichte der Belagerung der Gesandtschaften

ISBN/EAN: 9783943850239

Auflage: 1

Erscheinungsjahr: 2013

Erscheinungsort: Bremen, Deutschland

@ weitsuechtig in Access Verlag GmbH, Fahrenheitstr. 1, 28359 Bremen.
Alle Rechte beim Verlag und bei den jeweiligen Lizenzgebern.

weitsuechtig

PEKING
und Umgegend

nebst
einer kurzen Geschichte der Belagerung der
Gesandtschaften (1900)

von

BOY-ED
Oberleutnant.

Heckners Verlag, Wolfenbüttel
1908

Inhalts-Verzeichnis.

- I. **Geschichtliches** 1
- II. **Allgemeines** 6
- III. **Gliederung Pekings** 16
  - Mandschu- oder Tartarenstadt 16
  - Chinesenstadt 18
  - Verbotene Stadt 19
  - Kohlenhügel 21
  - Kaiserliche Winterpaläste 22
  - Gesandtschaftsviertel 26
- IV. **Sehenswürdigkeiten** 32
  - a) in der Chinesenstadt:
    - Himmelstempel (Tien t'an) 32
    - Ackerbautempel (Hsien nung t'an) 36
    - Erwähnenswerte Straßen 38
  - b) in der Tartarenstadt:
    - Ketteler-Bogen (Scheto Pailou) 40
    - Lama-Tempel (Yung-ho-kung) 41
    - Confucius-Tempel (Kuo-tze-chien) 44
    - Halle der Klassiker 47
    - Paukenturm (Ku lou) 47
    - Glockenturm (Chung lou) 50
    - Tempel der Kaiser und Könige (Ti wang miao) . . 52
    - Weiße Pagode (Pai t'a sze) 54
    - Peitang 56
    - Chan tan sze 57

Li pai sze 59
Observatorium 60
Russische Niederlassung 61
Erwähnenswerte Straßen 62

V. Nähere Umgebung Pekings 62
    Altar der Erde (Ti T'an) 65
    Gelber Tempel (Hwang sze) 65
    Bartsch-Denkmal 67
    Großer Glocken-Tempel (Ta dchung tze) 68
    Fünf Pagoden-Tempel (Wu ta tze) 69
    Wan shou sze 71
    Portugiesischer Kirchhof (sha larl) 72
    Tempel des Mondes (Jüch-T'an) 73
    Tiao yü tai (Angel fisch Terrasse) 73
    Weißer Wolken-Tempel (Pai yün kwan) 74
    Tempel des himmlischen Friedens (Tien ning sze) . 76
    Kaiserlicher Jagdpark (Nan hai tze) 77
    Altar der Sonne (Jih T'an) 77
    Tempel der östlichen Berge (Tung yüeh miao) .. 78

VI. Weitere Umgebung Pekings 78
    Kaiserliche Sommerpaläste 78
    Wan shou shan 79
    Yüan ming yüan 82
    Yü ts'üan schan 84
    Kaiserlicher Jagdpark (Hiang shan) 85
    Pi yün sze 86
    Wo fo sze 91
    Hei lung t'an 92
    Wen ts'üan sze 92
    Ta kio sze 93
    Miao feng shan 97
    Pa li chwang 97
    Huang ling 97
    Pa ta ch'u 98

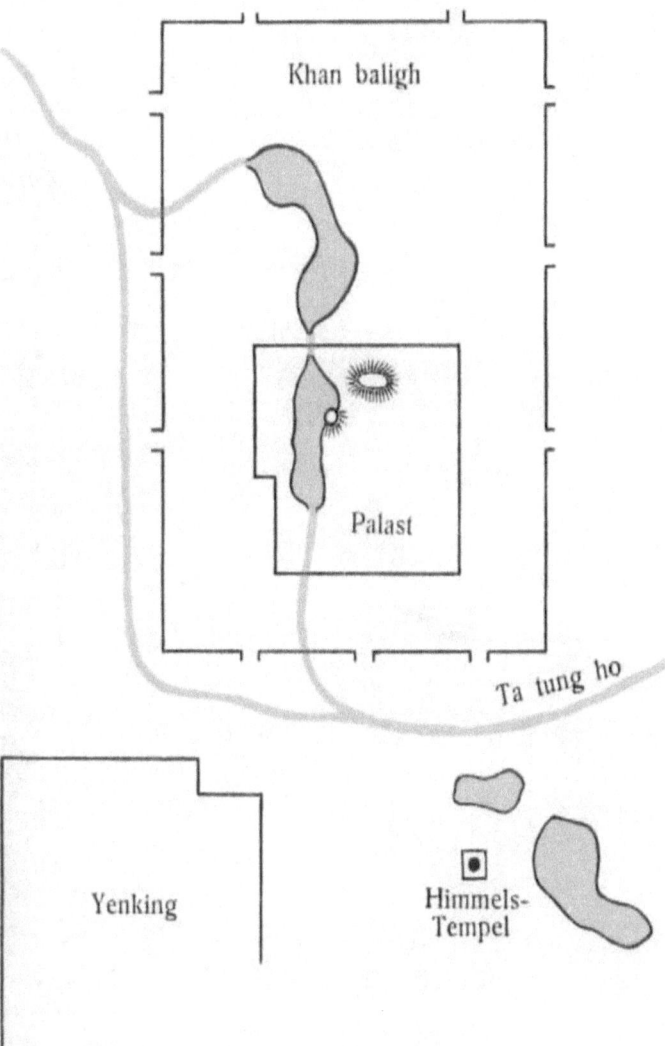

„Khan baligh" und „Yenking"
um 1290
(nach Yule „Travels of Marco Polo").

I.

Geschichtliches.

Das jetzige Peking, etwa in der Mitte zwischen dem Hunho und dem schiffbaren Peiho in einer fruchtbaren Alluvial-Ebene gelegen, war nicht zu allen Zeiten Hauptstadt des ausgedehnten chinesischen Reiches und wechselte Lage und Namen manches Mal. Es gilt als eine der ältesten chinesischen Städte.

Den Aufzeichnungen Chien lungs zufolge hieß die Stadt um 1121 v. Chr. „Chi" (sprich Dyi) und lag etwa $2\frac{1}{2}$ km nordwestlich vom jetzigen Peking.

Nach den Eroberungszügen des Shih-Hwang-ti*), (220 v. Chr.) des Mannes, der die Verbrennung der klassischen Literatur anordnete und der als der Erbauer der ersten Teile der großen Mauer gilt, bekam die von ihm zerstörte und

---

*) Sih Hwang ti = Erster Kaiser, Titel, den Fürst Chêng annahm, als er zum ersten Male das ganze Reich geeint und die Tsin-Dynastie begründet hatte. (221—209 v. Chr.)

dann wieder neuerbaute Stadt „Chi" den Namen „Yên". Als dann die Tang-Dynastie (618—907 n. Chr.) Yen eroberte und dem Erdboden gleich machte, baute sie es etwa im südwestlichen Teil des jetzigen Peking, einen Teil der Tartarenstadt und den größten Teil der Chinesenstadt einnehmend, wieder auf und gab ihr den Namen „Yuchou" (sprich Yo-djou).

Um das Jahr 986 nahm dann die Liao-Dynastie „Yuchow" ein, baute es von Grund aus neu und nannte (nach Favier) diese neue Stadt „Nanking", Hauptstadt des Südens, im Gegensatz zu der andern im Norden gelegenen Hauptstadt Liao-tung. 1013 jedoch wurde dieser Name in „Yenking" umgeändert. (Nach Brettschneider erst 1153.)

Als 1135 die Kin-Tartaren die Liao-Dynastie stürzten und 1151 die Stadt Yenking zu ihrer Hauptstadt machten, bauten sie dieselbe weiter aus und nannten sie Tschoung-tu. Der Umfang der Stadt wird zu dieser Zeit auf 75 li angegeben.

Die Kin-Dynastie erlag um 1215 den mächtigen Heeren von Genghis Khan, dem Mongolenfürsten, der, mit 13 Jahren zur Regierung gelangt, seine Streitkräfte bis nach Europa entsandte und die russischen Staaten tributpflichtig machte.

Sein Enkel, der nicht minder bekannte Kublai Khan, der Tibet und Chochinchina eroberte und einen vergeblichen Versuch machte, Japan zu unterwerfen, der zuerst das Papiergeld einführte, der Freund der Weisen und Gelehrten, Förderer des Lamaismus, der Mann, der das Observatorium einrichtete und den von den Kins begonnenen großen Kaiserkanal fertig baute, ließ dann die eroberte Feste „Tschoung tu" in besserer Bauart mehr nördlich erstehen und machte sie zur Hauptstadt seines gewaltigen Reiches, das sich bei seinem Tode (1294) vom Eismeer bis nach Malakka und von Japan bis zum kaspischen Meer erstreckte. Sie erhielt jetzt den mongolischen Namen „Khan baligh" = Stadt des Khan.

Der Südwall von „Khan baligh" verlief damals etwa 800 m nördlich der jetzigen südlichen Tartarenmauer, der Nordwall $2\frac{1}{2}$ km nördlich des jetzigen Nordrands von Peking. Dieser Nordwall ist noch heute vorhanden. Den im Osten Pekings befindlichen Wallresten nach zu urteilen, muß auch die Ostfront, wenigstens zum Teil, eine andere gewesen sein.

Kublai Khan hatte sich in der Mongolei eine Sommerresidenz, Changtou, etwa 800 li nördlich von Peking erbauen lassen. Inmitten weiter schöner Parks standen stolze Marmorbauten, Bäche und künstliche Wasser durchzogen das Gelände. Im Juni jeden Jahres reiste der mächtige Herrscher dorthin, um der Hitze der Pekinger Ebene zu entgehen. Eine Herde von 10 000 weißen Stuten lieferte ihm und seinem Stamm nahrhafte Milch.

Jedesmal am 28. August zog der Kaiser wieder südwärts nach Peking. — Die Ruinen von Changtou liegen nördlich Do lo nor, sie sind wiederholt von Reisenden und Missionaren besucht und erforscht.

Diesem mächtigen Herrscher folgten unbedeutendere Männer, die gutes Leben höher schätzten, als edles Kriegshandwerk. So gelang es den Chinesen, welche das fremde Joch seit langem unwillig trugen, um 1368 mit leichter Mühe, das Nomadenvolk der Mongolen wieder über die große Mauer zurückzudrängen. Ein einfacher Bonze entfachte die Bewegung, brachte Truppen zusammen und besiegte die Mongolen. Er nahm den Namen Hung wu = großer Krieger an, schlug seinen Sitz in Nanking auf und wurde so der Gründer der mächtigen Ming-Dynastie. Mit einer starken Armee marschierte er dann nordwärts und eroberte „Khan baligh", dem er den Namen „Pepingfu" gab. Hung wu war es auch, der den Befehl erließ, den Nordwall um $2\frac{1}{2}$ km südlicher zu verlegen, da er die Ausdehnung der Stadt für zu groß hielt. — Der 3. Ming-Kaiser erst, Yung lo, verlegte seinen Sitz von Nanking nach der nördlichen Hauptstadt, die von nun an „Peking", Hauptstadt des Nordens, hieß.

Im Jahre 1427 wurden die Wälle der Stadt mit Mauern bekleidet. Nach weiteren hundert

Jahren erbauten noch die Ming-Kaiser, um 1524, die sogenannte Chinesenstadt und umgaben auch sie 1564 mit Mauern.

Aber auch die Ming-Dynastie war nicht von Bestand. Die aus Furcht vor den Mandschu-Tartaren unterhaltenen ungeheuren Heere konnten es nicht verhindern, daß schon 1619 Mandschutruppen vor den Toren Pekings erschienen. Doch noch einmal fluteten die Nordtartaren zurück! Zu dieser Zeit erhoben sich dann im Süden des Reichs Rebellen; unter einem tüchtigen Führer eroberten sie Schensi und Honan und nahmen schließlich auch Peking durch Verrat ein. Daraufhin erhängte der Mingkaiser Chu'ung chén sich in seiner Verzweiflung auf dem Kohlenhügel (s. u.).

Der Rebellenführer Li kung erklärte sich nunmehr für den rechtsmäßigen Herrscher. — Noch aber bestand eine große, den Mings treue Armee unter dem General Ou san koui. Dieser bat die Mandschu-Tartaren um Beistand gegen den Rebellen Li kung. Die Tartaren willigten ein und schlossen sich dem Vormarsch auf Peking an. Li kung indessen wartete die Entscheidung einer Schlacht nicht ab; alle Reichtümer und Schätze der Mings mit sich nehmend, floh er nach Schensi. Der Tartarengeneral wußte nun Ou san koui, der einen Nachkommen der Mings auf den Thron setzen wollte, zu bestimmen, die Rebellen weiter zu verfolgen. Unterdes besetzten die Tartaren Peking und überfluteten ganz Petschili. Als dann Ou san koui mit seinen Truppen von der Verfolgung znrückkam, fand er den ersten Mandschu-Kaiser, Schun tschy, auf dem Throne Chinas. Die Tartaren wiesen den Chinesen, denen sie das Tragen des Zopfes aufzwangen, den südlichen, zuletzt erbauten Teil Pekings als Wohnsitz an, während sie selbst die Nordstadt bezogen. — Lange Zeit wurde diese Trennung streng durchgeführt, jetzt jedoch wohnen zahlreiche Mandschus in der Chinesenstadt.

II.
Allgemeines.

Otto Ehlers nennt in seinem Werk „Im Osten Asiens" Peking einen „Düngerhaufen" und seinen Bewohnern gibt er kurzer Hand gemeinhin den Namen „Schmutzfinken". —
Wer 1900 die dreigeteilten tiefstaubigen Straßen entlang ritt und nur flüchtig den Chinesen in seinem eigenen Heim kennen lernte, der möchte wohlgeneigt sein, das etwas harte Urteil von Ehlers als einzig treffend anzusehen. Wem aber Gelegenheit wurde und wer sich die Zeit nahm, chinesische Häuser, gleich ob Armen oder Reichen gehörig, häufiger innen zu sehen, wer einmal

eine der zahlreichen chinesischen Badeanstalten besuchte, wer dem Schuhwerk und den Strümpfen der chinesischen mittleren Klasse Beachtung schenkte, der wird zum milderen Urteil kommen.

Fraglos ist das Äußere der Häuser, beeinflußt durch die vielen Staubstürme, oft nicht allzu bestechend, und auch heute noch gibt es manche übel aussehende und ekelerregende Plätze, an denen man nur mit verhaltenem Atem vorbeireiten kann. —

Was die, allerdings noch 1900 in miserablem Zustand befindlichen Straßen angeht, so wird jeder, der jetzt Peking besucht, eine Freude an den festen Fahrdämmen, die von guten Reitwegen begleitet sind, haben.

Doch auch Ehlers lernt Peking nach dem ersten schlechten Eindruck, den es auf ihn macht, anders schätzen.

Als er auf die Stadtmauer steigt, „glaubt er in eine andere Welt versetzt zu sein", denn: „vor seinen Augen dehnt sich ein riesengroßer Park, zwischen dessen Baumwipfeln hindurch goldgelbe, blau und grün im Sonnenlicht flimmernde Tempel und Palastdächer hindurchleuchten. Peking von diesem Standpunkt aus gesehen ist eine der lieblichsten, anmutigsten Städte des Ostens".

Und von dem Straßen- und Volksleben meint er, daß seiner Empfindung nach schon dies allein eine Reise nach Peking wert mache.

Hierauf näher einzugehen, ist nicht Sache einer kurzen Beschreibung Pekings, doch will ich auf Einiges hinweisen. — Viel schon des Eigenartigen bietet das bunte Gewimmel des Gesandtschaftsviertels. Das Durcheinander von Nationen drängt zum Vergleich und zu Betrachtungen. Dem, der sehen kann und will, wird viel geboten. Mehr noch des Interessanten birgt natürlich das eigentliche Peking. Ein großer Teil des Volkslebens spielt sich auf der Straße ab. Man achte auf die zahlreichen Garküchen, die mancherlei duftende Gerichte bereiten, den ständig mit seinem Holz einen Wirbel schlagenden Kuchenbäcker, die wandernden Küchen, welche Maiskolben, lange süße Kartoffeln oder reich mit Früchten durchsetzte große Kuchen verkaufen und auf die schwer arbeitenden Reis- oder Hirsestampfer. Man gehe nicht vorbei an den Geschichtenerzählern, die eine staunend lauschende Menge um sich versammeln, werfe einen Blick in die Häuser, in denen Teppiche in mühsamer Arbeit geknüpft werden, sehe sich den Werdegang der Cloisonnésachen an und gewinne ein Urteil über den Wert dieser peinlichen Arbeit. Man besuche eins der vielen Theater, einige der zahlreichen und guten, aber teueren Curio-Läden und achte auf das wunderbare Schnitzwerk, mit dem die Häuser der Kaufleute innen und außen versehen sind.

Kamele an der Mauer der Tatarenstadt.

Nicht minder interessant ist das Getriebe auf den Straßen selbst. — Die Rickschah konkurriert mit dem schwerfälligen, aber außerhalb Peking noch immer einzig praktischen Karren, der schon Jahrtausende überdauerte. — Hier fährt ein reicher Chinese im eleganten europäischen Wagen, dort tragen eiligen Schrittes 4 Kulis einen gewichtigen Mandarin in einem Tragstuhl daher. Die Ablösung für die Sänftenträger folgt auf schmutzigem Karren.

Jetzt hört man eine laut tönende Glocke, die dem letzten Tier einer langen Kamelkarawane umgehängt ist, da wieder kommen hochbepackte Esel daher, nur die langohrigen Köpfe gucken hervor. Der ewig knarrende Schubkarren kommt heran und man staunt, was alles die Packkunst des Chinesen mittels des einen Rades fortzubewegen weiß. Unter großen Balken, das Tier schier erdrückend, zieht ein Pony wacker seine Last. Zwischen zwei Maultieren kommt eine Reisesänfte dahergeschwankt.

Man habe nicht zu viel Mitleid mit den eigens für das Gewerbe frisierten und zurecht gemachten eklig aussehenden Bettlern, die fast alle einer Gilde angehören. Das Laster und die Verzweiflung hat sie geeint. Ein Oberhaupt, spottend „Bettlerkönig" genannt, lenkt die große Schar von Jammergestalten, die völlig nackt, oder mit Lumpen, welche dem Kehrichthaufen entnommen, bekleidet sind.

Doch auch diese Gilde mag von Kastengeist beseelt sein und nicht jedermann in ihre Scharen einreihen, denn auch nicht die eisig kalte Winternacht vermag einzelne dieser Unglücklichen von der Straße zu verjagen, in sich zusammengekauert hocken sie unter einem Torbogen und noch kürzlich sah ich einen, den der Tod über Nacht ereilt, tagelang an der Mauer eines der belebtesten Tore liegen, den Hunden zum Fraß! —

Die höfliche Begrüßung der Chinesen untereinander, die Art, wie die Männer sich der kleinen

Kinder sorgend annehmen, ist wieder etwas Beachtenwertes. Nicht ganz so erfreulich ist es zu sehen, um welche Sorte Nahrung sich die zahlreichen Hunde und die schwarzen Schweine im Verein mit den Kehrichtsammlern streiten. „Naturalia non sunt turpia" denkt vorläufig noch der Chinese, und so verrichtet er Handlungen, für die wir uns in die „wohlbekannte Klause" zurückziehen, zu oft noch auf der Straße.

Jeder Chinese preist in lautem, singendem Ausruf seine Ware an, und es ist interessant, die mancherlei oft primitiven Instrumente zu sehen und zu hören, mittels derer er den in ihren Höfen weilenden Bewohnern von seinem Erscheinen Kunde gibt. Hoch oben in den Lüften suchen die „singenden Tauben Pekings" den Straßenlärm zu übertönen. Einzelnen Tieren werden Pfeifchen auf den Rücken gebunden, welche durch den beim Fliegen entstehenden Luftzug zum Tönen gebracht werden. — Man sehe sich einen Barbier mit seinem wandernden Laden in Ausübung seines Berufes an und achte darauf, mit welcher Sorgfalt der Chinese sein Lieblings-Haustier, einen Vogel im Käfig oder auf einem Zweige, mit einer Schlinge um den Hals, spazieren trägt. —

Interessant ist es, die Gliederung eines Leichenzuges zu beobachten. In der Ha ta mönnstraße begegnet man fast täglich einer derartigen Prozession, die sich oft über 1 km und mehr erstreckt. Schmierige Kerls, der Bettlerzunft entnommen, eröffnen den Reigen. Über ihre Lumpen haben sie einen grünen Wams gezogen und auf den grindigen Kopf einen schwarzen mit roter Spitzfeder geschmückten Hut gestülpt. — Lachend und schwatzend ziehen sie mit roten Tafeln, auf denen die Verdienste des Verstorbenen geschildert sind, dahin. Gongschläger mit roter Zipfelmütze sind auf den ganzen Zug, dessen Vorwärtsschreiten sie regulieren, verteilt. Eine Musikkapelle läßt unaufhörlich ihr klagendes „tuut, tuut" hören, künstliche Blumen, Curios und Tragsessel, Wohnhäuser aus Papier, Pferde und Weiber aus gleichem Stoff, Nachahmungen von Silberschuhen (Taëls) werden dem Sarg vorangetragen. Klagekinder mit reichem Kopfputz schreiten unter einem Baldachin daher. Endlich kommen die weißgekleideten Leidtragenden. Derjenige, der dem Toten am nächsten stand, wird von einem andern geführt. Aber auch hier ist von Trauer meist nichts zu bemerken. Alles schwatzt und raucht Zigaretten. Der Sarg, zuweilen von 60 und mehr Leuten getragen, folgt dahinter. Ein reichgestickter Baldachin bedeckt ihn. Neben dem Sarg geht der Leiter des ganzen Zuges, unaufhörlich schlägt er zwei Hölzer, die bösen Geister verscheuchend, zusammen. Den Beschluß machen weißüberzogene Wagen, in denen die weiblichen Mitglieder der Familie sitzen. —

Transport der kaiserlichen Geschenke für den Prinzen Friedrich Leopold.

Plötzlich ist die Straße durch einen blauen Vorhang gesperrt! — Der Kaiser wird erwartet! — Und wenn der Ruf „Der Kaiser kommt" bei uns zu Hause alles auf die Straße lockt, so hat dies Wort hier entgegengesetzte Wirkung. Alles verschwindet von den Straßen, die Türen schließen sich, die Fenster werden zugestellt, die prunkenden Reklameschilder von den Häusern entfernt, die Querstraßen, an denen vorüber der kaiserliche Zug zieht, durch blaue Vorhänge abgeschlossen; nur wer dienstlich an der Sache beteiligt ist, darf auf der Straße weilen.

Niemand soll sehen! Aber wozu gibt es Ritzen und Löcher?

Aber auch die hastende Eisenbahn, die zu dem ruhig bedächtigen Wesen der Chinesen in so großem Widerspruch steht, hat ihren Weg nach Peking hinein gefunden. — Mußte man früher in langsamer Fahrt die unzähligen Krümmungen des Peiho hinaufsegeln oder -treideln, um dann von Tungtschou aus per Pferd Peking zu erreichen, so konnte man nach dem Bau der Eisenbahn zunächst nur bis nahe an Peking, bis Ma kia pu*), heranfahren. Noch war der Wille des Sohnes des Himmels stark genug, dem schnaubenden Dampfroß den Eingang in das heilige Peking zu verwehren. Doch als 1900 die „Stadt der

---

*) Damals ging von Ma kia pu eine elektrische Bahn bis ans Yung ting mönn.

Städte" von den internationalen Truppen besetzt wurde, da fuhr auch bald der „fremde Feuerwagen" durch das in die Südmauer der Chinesenstadt gerissene Loch in das entheiligte Peking hinein, und dicht an der Mauer des Himmelstempels wurde der Bahnhof eingerichtet. — Jetzt hat Peking zwei Bahnhöfe, je einen an der Ost- und Westseite des Tsien-mönn. Von dem östlichen gehen die Züge nach Tungtschou und Tientsin—Tangku, von dem westlichen nach Paotingfu. Eine dritte Bahn, deren Haupt-Bahnhof am Hsi-tschi-mönn eingerichtet ist, wird zurzeit von Fengtai aus gebaut. Sie geht an der Westseite Pekings entlang und soll über Nankou in zwei Jahren den wichtigen Handelsplatz Kalgan erreichen. — Fertiggestellt ist sie bis Nankou.

Angaben über die tatsächliche Einwohnerzahl von Peking zu machen ist kaum möglich. Manche Schriften sprechen von 1 600 000; andere nur von 1 000 000 und wieder andere, die nicht unrecht haben mögen, meinen, daß die Zahl 600 000 nicht wesentlich überschritten wird. In der Tat weist die Chinesenstadt viele große unbebaute Flächen auf, und auch in der Tartarenstadt finden sich in den vier Ecken und nahe der Mauer solche Bezirke. — — —

Peking liegt etwa in der Höhe des 40. Breitengrades und somit noch ein wenig südlicher als Konstantinopel und Neapel. Trotz des nahen

Meeres hat es ein echt kontinentales Klima. Auf kalte Winter folgen heiße Sommer (37 Grad Cels. und mehr im Schatten). Der kurzen Regenperiode im Frühjahr reiht sich eine längere im Juli und August und Anfang September an, in den andern Monaten fällt fast nie Regen und auch der Winter bringt nur wenig Schnee, welcher schnell wieder verweht oder durch die Kraft der Mittagssonne zum Schmelzen gebracht wird. — Dafür aber fegen unangenehme Staubwinde des öfteren über die weite Ebene dahin und sie sind es, die den Aufenthalt in Peking manchmal recht ungemütlich machen. —
So etwa sieht es in Peking aus, in dem Peking, von dem der ehemalige deutsche Gesandte, Herr von Brandt sagte: „Man betritt es mit Tränen und man verläßt es mit Tränen". —

III.
Gliederung Pekings.

Peking besteht aus zwei in sich abgeschlossenen, mit festen Mauern umgebenen Teilen. Der nördliche, ältere, wird die Mandschu- oder Tartarenstadt, der südliche, jüngere, die Chinesenstadt genannt. Beide Teile dehnen sich nach der Breite mehr aus wie nach der Länge, die Chinesenstadt setzt sich ohne besondere Nordmauer unmittelbar an die Tartarenstadt an, diese nach Ost und West um je 600 m überragend. Die Mauer der 9 torigen

Spaziergang auf der Mauer.

Tartarenstadt ist etwa 23³/₄ km lang, einschließlich der Zinnen ist sie 41 Fuß hoch. Ihre Breite beträgt an der Basis 62, oben 50 Fuß. Von 60 m zu 60 m springen mächtige Bastione verschiedener Breite vor. Unterhalb der Zinnen gelassene Öffnungen machen es möglich, daß auch liegende Schützen ihr Feuer von der Mauer abgeben können. Über jedem der Torbogen befindet sich ein hoher Aufbau. Diese Durchlässe sind durch eine im Halbkreis geführte Mauer, welche eine Art Waffenplatz schafft, gegen direkten Angriff gesichert. Der Weg führt immer im Bogen aus der Seite genannten Halbkreises heraus, während auf der Mitte der bogenförmigen Mauer ein hoher Turm steht. Dieser ist, im Gegensatz zu dem inneren Turm, fast bis zur Spitze aus Steinen erbaut. Zahlreiche Nischen ermöglichen Aufstellung von

Schützen und Geschützen. Gleich starke Aufbauten finden sich an allen vier Ecken der Stadt. — Das Tsien-mönn und das Hata-mönn sind im Gegensatz zu den anderen Toren dreifach durchbrochen. Der südliche Durchbruch des Tsienmönn darf nur vom Kaiser benutzt werden, die anderen beiden führen zu den beiden Bahnhöfen und zur Chinesenstadt. Beim Hata-mönn geht durch den südlichen Durchbruch der ganze Verkehr, während der östliche und der westliche durch die Eisenbahn in Anspruch genommen werden. Die 1900 niedergebrannten Aufbauten des Tsienmönn sind kürzlich durch neue ersetzt. Das Hata-mönn hat auch jetzt nur einen und zwar nördlichen Aufbau.

Die $15^1/_2$ km lange Mauer der Chinesenstadt ist nur 25 Fuß hoch und unten 20 Fuß dick. Sie wird durch 7 Tore durchbrochen. Die Bastione sind etwa 170 m von einander entfernt, die Ecktürme und Toraufbauten haben geringe Höhe und Stärke, die Tore können in gerader Richtung verlassen werden.

Innerhalb der Tartarenstadt liegt rings von Mauern umgeben die Kaiserstadt. Die Kaiserstadt wieder umschließt die von Gräben und Mauern umgebene „verbotene Stadt", an die sich im Norden der Kohlenhügel anschließt. Westlich der verbotenen Stadt liegt, die ganze Länge der Kaiserstadt in Anspruch nehmend, der Winterpalast für

Nordwest-Ecke der Chinesenstadt.

die Kaiserin-Witwe, den Kaiser und die Kaiserin. Die Plätze zwischen den äußeren Mauern der Kaiserstadt und der verbotenen Stadt, wie auch dem Winterpalast und dem Kohlenhügel, sind durch Tempel und gewöhnliche Chinesenhäuser ausgefüllt und jedermann zugänglich.

Im Südosten der Tartarenstadt endlich, zwischen Tsien-mönn und Hata-mönn liegt das im Norden, Osten und Westen mit einem Glacis umgebene Gesandtschaftsviertel, das sich mit seiner Südfront an die Tartarenmauer anlehnt. — (s. Karte.)

Verbotene Stadt.

Die vier Ecken der verbotenen Stadt werden durch kleine Türmchen mit gelbem Dach gekennzeichnet.

Haupteingang zur verbotenen Stadt, Wu-mönn.

Der langgestreckte Zugang führt von Süden durch das Himmelsfriedenstor und durch das Tor der Erhabenheit an das Mittagstor (Wu-mönn). Zur Rechten bleibt der Ahnentempel des Kaisers, zur Linken der „Altar der Götter des Landes und der Feldfrüchte" liegen. Nachdem das Mittagstor, das eigentliche Südtor der verbotenen Stadt, passiert ist, gelangt man zum Tor der Eintracht und von da über einen weiten Hof zum Thronsaal der Eintracht. Hier empfängt der Kaiser jährlich am ersten Tage des chinesischen Kalenderjahres die Großen des Landes, die fußfällig ihre guten Wünsche darbringen. Der Platz für eine jede Rangstufe ist durch zuckerhutähnliche Bronzekegel gekennzeichnet. — Es folgen nordwärts der mittlere Saal der Eintracht, der Thronsaal der beschützenden Eintracht und das

Tor der himmlischen Reinheit, das den Zugang zu dem Gewirre von Palästen und Gebäuden im nördlichsten Teil bildet. — Durch das obere Nordtor gelangt man über eine Brücke zur Umfassungsmauer des

Kohlenhügels. (Mei schan) Gute, schattige Wege führen um den Fuß des von 5 Pavillons gekrönten Hügels herum. — Es geht die Sage, daß die Mongolen hier Kohlen aufhäuften, um im Falle der Belagerung über einen genügenden Vorrat gebieten zu können. In Wirklichkeit besteht der Hügel aus der Erde, die bei Anlegung der künstlichen Teiche im Palastgarten ausgehoben wurde.

Am Nordfuß des Hügels liegt eine Ahnenhalle und daneben das Leichenhaus, in welchem die Särge der Kaiser bis zum Tage des Leichenbegängnisses aufbewahrt werden.

Auf dem Gebiet des Kohlenhügels stand auch der Baum, an dem der letzte Ming-Kaiser sich erhängte. — Als die Rebellen anrückten, ging der Kaiser Ch'ung-ch'en zum Tempel San Kwan Miao, der unweit des Tsi-hwa-mönn liegt, und fragte die Götter, was zu tun sei. Nach den nötigen Opfern taten die Götter dar, daß, wenn der Kaiser einen langen Bambusstab zöge, er den Rebellen entgegenziehen sollte; zöge er den mittellangen Stab, so sollte er wartend im Palast bleiben; zöge er aber den kürzesten Stab, so solle er

Hand an sich selbst legen, ehe noch die Rebellen ihn töteten.

Der Kaiser zog den kürzesten Stab.

Den Tempel auf ewig verfluchend, ging er zum Palast zurück. Am nächsten Morgen fand man den Kaiser am Kohlenhügel an einem Baum erhängt vor. Dieser Baum wurde dann zur Strafe dafür in Ketten gelegt, und bis 1900 umgaben ihn die eisernen Fesseln; er ist während der Okkupation 1900/1901 abhanden gekommen.

Kaiserliche Winterpaläste.

Der größte Teil dieses Gebiets wird von den 3 Lotosteichen eingenommen. Die eigentlichen Paläste gruppieren sich um den südlichen See, in dessen Mitte der Inselpalast des Kaisers liegt. Die Kaiserin-Witwe hielt den jungen Herrscher hier lange Zeit gefangen, als ihr 1898 seine Reformideen zu gefährlich für den Bestand ihrer eigenen Regierungen erschienen. Im unweiten Palast der Kaiserin-Mutter befand sich das Hauptquartier des Feldmarschalls Graf Waldersee. In der Nacht des 17. April brach hier ein großes Feuer aus, das so schnell um sich griff, daß der Feldmarschall nur noch mit Mühe durch ein Fenster seines Asbesthauses, das im Hof des Palastes aufgeschlagen war, gerettet werden konnte. Sein Chef des Stabes, Generalmajor von Schwartzhoff, der noch einmal in das schon brennende

Lotosteich-Marmorbrücke.
Mingpagode im Kaiserlichen Winterpalast.

Bureau geeilt war, um wichtige Papiere zu retten, fand den Tod in den Flammen.

Heute erheben sich an der Stelle dieses eingeäscherten Palastes Häuser in europäischem Stil. In diesen unschönen Gebäuden, deren Einrichtung nicht minder geschmacklos ist, pflegt die Kaiserin-Witwe die Damen der Gesandtschaften zu empfangen. —

Südlich der schönen weißen Mamorbrücke, welche die beiden nördlichen Lotosteiche trennt, liegt die bekannte Mongolen-Empfangshalle, Tse kuang ko „die Halle des Purpurglanzes", in welcher die fremden Gesandten zum ersten Male empfangen wurden. Davor liegt die Reitbahn und der Bogenschießstand für die Kandidaten des obersten militärischen Examens.

Weithin sichtbar steigt aus dem nördlichsten Lotosteiche eine künstlich geschaffene Felseninsel empor, die durch eine weiße Pagode gekrönt wird. Favier sagt über dieses, vom ersten Kaiser der jetzigen Dynastie geschaffene Bauwerk: „Es ist kein Grabmal, wie man leicht denken kann, sondern eine Art Nische für eine schöne Statue des Fo, die in herrlichem, glasierten Ton ausgeführt ist." —

Dicht vor dieser sogenannten Ming- oder Flaschenpagode steht eine kleine bronzene Pagode mit einer Bronzestatue, die ein aus aufgereihten Totenköpfen bestehendes Halsband trägt.

Zur Seite des Hügels ist ein Altar für den Erfinder der Seidenverwertung und für den Geist der Seidenwürmer erbaut. Rings um den Altar stehen Maulbeerbäume, ein Bassin zum Waschen der Seidenwürmer ist dicht dabei. — — Die Kaiserin soll hier jährlich einmal die Würmer füttern.

Unweit der Pagode, nach Westen zu, befindet sich ein herrlicher Pai lou aus glasierten Ziegeln und hinter einem kleinen Hügel, nicht weit davon die berühmte 20 m lange Drachenmauer.

Noch ist der alte Pei tang (eine katholische Kathedrale) zu erwähnen, der aufgegeben werden mußte, weil es der Kaiserin-Witwe nicht gefiel, daß man von den Türmen dieses Bauwerks in den nahen Palast und die kaiserlichen Gärten hineinsehen konnte.

Blick auf Hata mönn, deutsches Thor und deutsches Blockhaus vom deutschen Offizier-Kasino aus.

Gesandtschaftsviertel.

Die Gesandtschaften der Reihe nach aufzuzählen, ihre Lage und die der dazu gehörigen Schutzwachen mit Worten darzulegen, verspricht weniger Klarheit als eine einfache Karte. Auf diese Art lernt man auch besser und leichter die Veränderungen kennen, die in und mit dem Gesandtschaftsviertel seit 1900 vorgegangen sind.

Wohl aber dürfte es nützlich sein, einige Worte über die Entstehung der Gesandtschaften zu sagen.

Peking war von jeher den „fremden Teufeln" verschlossen. Keiner, außer den Missionaren, durfte sich hier dauernd niederlassen, und auch den Vertretern der fremden Mächte blieb es eine verbotene Stadt.

Erst der englisch-chinesische Vertrag vom Juni 1858, der den Krieg von 1857 beendete, enthielt neben anderen Bestimmungen einen Artikel, durch welchen dem englischen Gesandten das Recht zugestanden wurde, dauernd in Peking zu leben und sich hier ein Haus käuflich zu erwerben. — Doch dies war nur ein Versprechen, und als am 20. Juni 1859 die Vertreter Englands und Frankreichs über Tientsin nach Peking reisen wollten, wehrte man ihnen schon an der Peihomündung die Weiterfahrt, und als die Engländer und Franzosen diese am 24. mit Waffengewalt zu erzwingen versuchten, da rannten sie sich an den Taku-Forts die Köpfe ein. Von 1000 Engländern und Franzosen waren 500 außer Gefecht gesetzt, 3 Kanonenboote in Grund geschossen!! — Nicht vor dem August des nächsten Jahres gelang es, diese Scharte auszuwetzen. Jetzt wurde eine große französisch-englische Armee bei Peitang, nördlich des Peiho, gelandet und ein erfolgreicher Vorstoß gegen die Taku-Forts durchgeführt. Noch aber war der Vormarsch der Verbündeten auf Peking, die Schlacht bei Palikiau, die Besetzung des Anting mönn, die Plünderung des Sommerpalastes durch die Franzosen und endlich das Niederbrennen desselben durch die Engländer nötig, um den nach Jehol geflohenen Kaiser Hien feng davon zu überzeugen, daß europäische Waffen schließlich doch gewichtiger seien, als chinesische Diplomatenkunststücke.

So wurde mit Kanonen das Recht erzwungen, die Gesandten und Gesandtschaftsbeamten in der Hauptstadt des Reichs der Mitte residieren zu lassen.

Als es sich nun darum handelte, für den englischen und französischen diplomatischen Vertreter eine Unterkunft zu finden, erklärten die Russen, daß es ihnen gleich sei, ob der Norden oder der Süden der Stadt gewählt werde, denn an beiden Stadtenden hätten sie bereits Missionsgebäude (s. S. 61). An und für sich sei jedoch die Nordostecke der Stadt vorzuziehen, da hier ein großer unbebauter Platz zur Verfügung stehe und man von hier auch leicht ins Freie gelangen könne.

Blick auf die Gesandtschaftsstraße vom deutschen Tore aus.

Die Engländer jedoch bestanden darauf, in der nächsten Nähe des kaiserlichen Palastes ein Gesandtschaftsviertel anzulegen, um so besser auf den kaiserlichen Hof und seine Regierung einwirken zu können. Die Franzosen folgten ihrem Beispiel, die Russen blieben nun auch im Süden und so mußten sich die Gesandtschaften der andern Mächte, die sich nach und nach in Peking niederließen, ebenfalls in diesem Bezirk ansiedeln.

Trotzdem nun schon die Vertreter von 3 Großmächten in Peking residierten, war es für den Grafen Eulenburg, der 1860—1862 in besonderer

Mission nach Japan und China kam, keine leichte Arbeit, die Verträge über die Einrichtung einer preußischen Gesandtschaft in Peking zum Abschluß zu bringen. Die Schwierigkeiten steigerten sich dadurch noch mehr, daß die Gesandten Frankreichs und Englands dieses Verlangen der preußischen Regierung durchaus nicht unterstützten. Schließlich aber einigte sich Graf Eulenburg mit den chinesischen Vertretern doch dahin, daß Preußen das Recht zugestanden wurde, in Peking eine Gesandtschaft zu errichten. Ein Separatartikel jedoch besagte, daß Seine Majestät der König von dem Recht, einen diplomatischen Vertreter in Peking dauernd zu beglaubigen, mit Rücksicht auf die in China herrschenden Unruhen (Taipingaufstand) während der nächsten 5 Jahre keinen Gebrauch machen werde.

Im Jahre 1864 kam es dann soweit, daß die preußische Gesandtschaft ihren Sitz dicht neben der englischen in einem ermieteten Hause aufschlagen konnte. Die Beschreibung, die Herr v. Brandt von den damaligen Wohn- und Arbeitsräumen gibt, ist jedoch nichts weniger als verlockend und man kann danach die Freude mit empfinden, die v. Brandt hatte, als er hörte, daß die Regierung den Kauf eines Grundstückes und den Bau einer Gesandtschaft genehmigt habe. — Leicht gesagt und schwer getan! — Mit fast 40 Eigentümern mußte verhandelt werden, ehe es

Deutsche Wache.

gelang, das nötige Grundstück in der jetzigen Gesandtschaftsstraße zu erwerben, und daß das keine Kleinigkeit war, wird jeder begreifen, der den Geschäftssinn der Chinesen kennt.

Noch im Jahre 1875 wurde der Bau begonnen, 1877 konnte das erste und 1879 das letzte Gebäude bezogen werden.

Das Jahr 1900 brachte dann eine erhebliche Vergrößerung des der deutschen Gesandtschaft gehörigen Grundstückes mit sich, der alte und der neue Peking-Klub wurden neben vielen Chinesenhäusern mit in das Gebiet hineingezogen.

In dem älteren Teil des mit hohen Bäumen bestandenen Gartens, steht nahe der Ministerwohnung ein einfaches, schönes Marmorkreuz, das Seine Majestät Kaiser Wilhelm II. dem Freiherrn von Ketteler in Anerkennung seiner Verdienste um das deutsche Vaterland gewidmet hat.

Das Gesandtschaftsviertel ist seit 1900 ohne Unterbrechung militärisch besetzt gehalten. Zurzeit (1907) sind die Stärken der Schutzwachen folgende:

Amerika	105	Holland		43
Belgien	21	Italien		213
Deutschland	297	Japan		303
England	269	Österreich		160
Frankreich	298	Rußland		230
	990	zusammen		1939

Die Offiziere und Sanitätsoffiziere sind in obigen Zahlen enthalten. —

IV.
Sehenswürdigkeiten

a) in der **Chinesenstadt** = Wai tschong
(d. h. Äußere Stadt).

Himmelstempel = Tien Tan (Altar des Himmels).

Der Ming-Kaiser Yung lo war es, der diese herrliche Anlage um das Jahr 1421 erstehen ließ. Er baute den Altar ursprünglich zur Verehrung des Himmels und der Erde, nach kurzer Zeit aber wurde nur noch dem Himmel hier geopfert. Chien lung ließ den Tempel um 1751 wieder ausbessern und weiter ausbauen.

Das, was jedem Besucher zunächst auffällt, ist die souveräne Verwendung von Raum und Platz.

Die ganze Anlage wird von einer etwa 6 km langen Mauer umschlossen. Eine Reihe alter Bäume führt zu einer zweiten inneren Mauer, in deren Mitte erst die eigentlichen Tempel und Altäre liegen.

Wendet man sich von dem Tore dieser Mauer nach Südost, so erreicht man zunächst die Halle der Enthaltsamkeit. Hier hat der Kaiser die Nacht bevor er opfert, fastend zuzubringen. In dem Vorraum, der gezeigt wird, befindet sich ein wunderbar geschnitzter Wandschirm von hellem Holz mit dunkler Einfassung. Ein breiter Sessel von gleicher Arbeit steht davor. Die hinter dieser Halle liegenden Wohnräume werden dem Besucher nicht geöffnet.

Himmelstempel mit kaiserlichen Zelten.

Nunmehr geht man zunächst südlich und nach Durchschreiten eines andern großen Tores nach Osten und gelangt so, unter prächtigen alten Lebensbäumen wandelnd, zum Altar des Himmels.

In drei Terrassen von weißem Marmor erhebt sich dieses gewaltige Bauwerk. Reichgeschmückte Balustraden fassen jede der Terrassen ein. Der Mittelpunkt des Ganzen ist ein runder Marmorblock, oft als „Mittelpunkt der Erde" bezeichnet. — Hier kniet der Kaiser nieder, um unter blauem Himmel zu opfern.

Dreimal im Jahr besucht er diesen Platz. Zur Wintersonnenwende kommt er, um einen Bericht über das vergangene Jahr abzustatten, im ersten chinesischen Monat, um den Auftrag für das kommende Jahr in Empfang zu nehmen und im Frühjahr, um für Regen und gute Ernte zu bitten.

Es stehen dann 5 blaue Zelte auf der oberen Terrasse. In ihnen sind die Tafeln des Himmels und die der 8 Ahnen des Kaisers untergebracht. Auf der nächsten Terrasse finden sich andere Zelte zum Schutz für die Tafeln des Windes, des Regens, der Sonne, des Mondes, der Sterne und des guten Jahres. In den großen eisernen Opfergefäßen zu Füßen des Altars wird Seide und Papier, in dem grünen Ziegelofen werden Tieropfer dargebracht.

Der Blick von dem Altar des Himmels aus ist an klaren sonnenhellen Tagen, zumal am Nachmittag, von wunderbarer Wirkung. Die hellen Marmorterrassen, die saftiggrünen alten Lebensbäume, die blauen Ziegel der Umfassungsmauer und der benachbarten Tempel, in der Ferne das dunkle Gebirge als Abschluß, die herrschende Ruhe, dazu das Gefühl, an geweihter Stätte zu stehen, das alles nimmt Auge und Herz vollständig in Anspruch.

Bei allen Bauten wird einem auffallen, daß sie in Kreisform gehalten sind. Man erkennt hier, wie später an anderen Bauten, das Prinzip, daß das Runde und Ungerade für den Himmel, das Viereckige und Gerade für die Erde bestimmt ist. Beim Himmelstempel spielt die Zahl 3 eine große Rolle. 3 Terrassen; die unterste hat 210, die mittlere 150, die obere 90 Fuß im Durchmesser. 72 Pfeiler umgeben die obere, 108 die mittlere, 180

Hauptaltar im Himmelstempel.

die unterste. 9 Steine umschließen den Mittelpunkt des Ganzen, dann kommt eine Reihe von 18, schließlich eine von 81. — Alles Zahlen, die sich durch 3 teilen lassen.

Nach Norden zu geht man vorüber an einem kleinen hübschen Tempel, der den kaiserlichen Ahnen geweiht ist; man darf ihn nicht betreten. Auf einem gemauerten Damm gelangt man dann zum nördlichen Altar. Drei Marmorterrassen werden hier durch einen großen Tempel mit dreifach abgesetztem blauen Ziegeldach gekrönt. Im Jahre 1889 hatte der Blitz dieses Monument zerstört. Die Chinesen sagen, ein Tausendfuß habe es gewagt, bis zur Kugel emporzuklettern, da habe ihn und das entweihte Gebäude der flammende Strahl zerschmettert.

Diesen Neubau, der der Verehrung des glückverheißenden Jahres geweiht ist, hat der Kaiser noch nicht besucht. Mächtige Balken von seltenem Holz tragen die schwere eigenartige Kuppel, in deren Mitte ein großer goldener Drachen angebracht ist. — Man sieht noch jetzt je 4 Sessel zur Rechten und Linken und einen auf der Nordseite, alle unter schützenden Gestellen, stehen. Letzterer enthielt die Tafel für den Himmel selbst, während die 8 anderen Sessel die Tafeln für die 8 verstorbenen Kaiser der jetzigen Dynastie aufnahmen. Seit dem Jahre 1900 sind diese Tafeln verschwunden.

Dem Himmelstempel gegenüber liegt der
Ackerbautempel = Hsien nung t'an.
Die Abmessungen der ganzen Anlage sind weit geringer, als die des Himmelstempels. Außer einer großen Halle mit Musikinstrumenten, zwei kleinen Marmorterrassen viereckiger Form und einigen bronzenen Opfergefäßen aus der Ming-Zeit und den auch hier zahlreich vorhandenen alten Lebensbäumen bietet der Tempel nicht viel des Sehenswerten.

Auch von den Mings erbaut und von Chien lung wiederhergestellt, dient er der Verehrung des Ackerbaues.

Am ersten Tag der zweiten Frühlingsperiode geht der Kaiser mit 3 Prinzen, 9 Großen des Landes und zahlreichem Gefolge hierher.

Aus dem Ackerbautempel.

Nachdem alle gefastet und geopfert haben, begeben sie sich auf das zur Bestellung hergerichtete Feld und der Kaiser pflügt 4 Furchen von Ost nach West und 4 von West nach Ost. Der Schatzmeister geht zur Rechten mit der Peitsche, der höchste Beamte der Provinz zur Linken mit dem Korn, das ein dritter Würdenträger, der hinter dem Kaiser hergeht, aussät. — Die 3 Prinzen ziehen dann jeder 10, die 9 Großen je 18 Furchen. Danach folgen die anderen Mandarine nach Rang und Würden, bis schließlich ausgewählte alte Arbeiter das Werk vollenden. —

Alle benutzten Geräte, Pflug, Peitsche, Korb für Samen, Harken pp. haben die gelbe kaiserliche Farbe.

Zu Zeiten der Mongolen nahmen Taoisten-Priester die Stelle der Prinzen und Mandarinen ein, während die Ming-Kaiser sich von Eunuchen begleiten ließen.

Erwähnenswerte Straßen etc.

Die Chinesenstadt wird von Nord nach Süd durch die sogenannte Kaiserstraße in zwei gleiche Teile geteilt. In ihr findet man mancherlei Curio-Läden. Zurzeit der frühen Morgenstunden ist auf der Straße selbst ein lebhafter Markt.

In der Da sha larl (d. h. Große Pallisadenstr.), der ersten großen, von der Kaiserstraße nach Westen abgehenden Straße, finden sich neben manchen chinesischen Kaufhäusern, die nach Art von Warenhäusern eingerichtet sind, zwei glänzend ausgestattete Häuser, in denen Seide verkauft wird. Ein großes chinesisches Theater liegt auf der Nordseite der Straße. Wiewohl in vielen Läden Produkte von Europa, Amerika und Japan verkauft werden, gibt die Straße in ihrer Enge, der Ausstattung der Häuser, den mannigfachen Aushängeschildern und den die Straße überspannenden blauen Tüchern mit weißer Inschrift ein gutes Bild einer echt chinesischen Kaufstraße. Am Nachmittag ist hier der Verkehr am stärksten und daher der Besuch der Straße am interessantesten.

In der Liu li tschang*), etwas mehr nördlich gelegen, wechseln die zahlreichen Buchhändlerläden

---

*) Chinesisch Neujahr ist hier 15 Tage lang Markt (Spielwaren, Curios, Perlen).

ab mit vielen kleinen Curio-Läden, auch gibt es manche Häuser, in denen die bekannten, mit Inschriften oder Bildern versehenen Messingschachteln hergestellt und verkauft werden. Von ihr ab führt eine kleine Gasse zur chinesischen Industrieschule. Hier werden Teppiche, Möbel und Cloisonnés gefertigt und in einer Halle zur Schau gestellt, die Werkstätten sind benachbart.

Lohnender jedoch als der Besuch dieser Industrieschule ist der einer anderen, die an die Walderseestraße, von der Kaiserstraße zum Tschang yi mönn führend, angrenzt (ca. 1300 m östlich d. Tores).

Silberarbeiten, Glasmalereien, Cloisonné, Rotlackarbeit, Seidenstickereien etc. werden hier gefertigt; eine Druckerei, Webstühle und eine Glasbläserei sieht man in Tätigkeit.

In einer großen Halle werden die Erzeugnisse zu festen Preisen verkauft.

Geht man aus dem westlichen Ausgang der Anlage hinaus, so kommt man zum Tempel Tu ti miao, in welchem am 3., 13. und 23. jeden Monats chinesischer Jahrmarkt ist.

Dicht nordöstlich des Ackerbau-Tempels kann man täglich, zumal am nachmittag, chinesische Gaukler und Märchenerzähler inmitten einer neugierigen Menge sehen.

Hart nördlich des Himmelstempels ist eine große Zahl von kleinen Teichen, in denen

Kettelerbogen.

Goldfische in den mannigfachsten Abarten gezüchtet werden.

b) **Tartarenstadt** = Ne tschong (d. h. innere Stadt).

Kettelerbogen.

Vom Ha ta mönn nach Norden führt eine schöne Straße. Durch den östlichen Triumphbogen hindurch gelangt man zu einem großen Marmor-Pailou, dem Ketteler-Bogen. An dieser Stelle wurde der deutsche Gesandte Freiherr von Ketteler am 20. Juni 1900 von einem mandschurischen Unteroffizier hinterrücks erschossen.

Über dem westlichen Durchgang ist auf schwarzem Grund in weißen Buchstaben folgende Inschrift angebracht:

Dieses Monument
ist auf Befehl Seiner Majestät des Kaisers von China errichtet worden
für den an dieser Stätte durch ruchlose Mörderhand am 20. Juni 1900 gefallenen Kaiserlich deutschen Gesandten
Freiherrn Clemens von Ketteler
zum ewigen Gedächtnis an seinen Namen, zum bleibenden Beweise für den Zorn des Kaisers ob dieser Freveltat.
— Zur Warnung für Alle. —

Die chinesische Inschrift über dem mittleren und die lateinische über dem östlichen Durchgang besagen das Gleiche.

Die Straße weiter nach Norden verfolgend, kommt man, die östlichen 4 Triumphbogen passierend, nahe der Nordmauer zum

Lama-Tempel = Yung ho kung (d. h. Palast des Friedens).

Diese Gebäude waren für den Kronprinzen Jung cheng, den Sohn des Kaisers Kanghi gebaut. Jung cheng, der auch eine Christenverfolgung einleitete, wollte den Buddhismus den unter Kang hi mächtig gewordenen Jesuiten gegenüber wieder zur Geltung bringen. (Mrs. Little gibt an, daß es Gesetz sei, einen Palast, der von einem nachmaligen Kaiser bewohnt gewesen sei, bei dessen Regierungsantritt in einen Tempel umzubauen.) So wurde, als Kang hi 1723 starb und Jung cheng zur Regierung kam, der prächtige Palast zu einem schönen Tempel umgebaut.

An 300 mongolische Lamas jeden Alters mit einem sogenannten lebenden Buddha an ihrer Spitze bewohnen ihn. Letzterer ist stets ein Tibetaner.

In einem der ersten Vorhöfe stehen prächtig ciselierte Bronzelöwen. Vor einer großen Halle, im nächsten Hof, erhebt sich ein mächtiger viereckiger Stein, der mit chinesischen, mandschurischen, tibetanischen und mongolischen Schriftzeichen bedeckt ist. Chien lung spornt darin die Priester zur Frömmigkeit und zur genauen Verrichtung ihrer Andachten an.

Im gleichen Hof ist noch eine schöne Bronze und in der Südwestecke ein Bild, das die 6 Wege, die zum Nirwana führen, zeigt, erwähnenswert. Ein dreiäugiges Seeungeheuer hält mit seinen 4 Klauen das Gemälde. Rechts oben sieht man Buddha sitzen. Mit erhobener Hand weist er zur Sonne.

In zwei der östlichen Seitentempel sind Tsongktsaba der Stifter der Gelugpa-Sekte und seine Jünger dargestellt, und im letzten großen nördlichen Bauwerk findet sich die Riesenstatue eines

70 Fuß hohen Maitrêya, des buddhistischen Messias, der diese Welt erlösen wird. Vor der Statue stehen gute Bronzen und Cloisonnés, im ersten Stockwerk große schöne Gebetmühlen. Letztere sieht man, mit tibetanischen Schriftzeichen geziert, auch oft in den verschiedenen Höfen. Eine Drehung der Trommel kommt einem einmaligen Hersagen des auf ihr niedergeschriebenen Gebets gleich, ebenso gelten die 700 in ihr ruhenden heiligen Schriften als gelesen: So kommt auch der Analphabete zu seinem Rechte! — Interessant ist es, dem Gottesdienst der Lamas beizuwohnen. Die einleitenden Handlungen werden durch einen oder auch zwei alte Priester ausgeführt. Dann kommen zwei kleine Lamas und geben auf großen weißen Muscheln das Signal zum Gottesdienst. Nun strömen aus allen Höfen und Seitengebäuden die Lamas in ihren weiten gelben oder auch roten Gewändern herbei. Ihr Haupt ist geziert mit einer großen gelben, einem alten Griechenhelm gleichenden, Lammfellmütze. Alles drängt sich vorm Eingang zusammen, macht Kotau und wartet vor der

Lamapriester mit Lammfellmütze.

Tür, ein langes Gebet absingend. Danach hocken sich alle an den niedrigen Tischen nieder. Den nun folgenden Gesang begleiten zwei Priester im tiefsten Baß (tiefes d!) Kulis kommen unterdessen mit Zinkkannen und gießen jedem Lama etwas von der milchigweißen Flüssigkeit in seine kleine lackierte Holzschale.

Der Gesang reißt plötzlich mit einem tiefen Baßton ab, alles hebt schweigend sein Trinkgefäß mit beiden Händen empor, so vergehen einige Sekunden in lautloser Stille. Danach trinkt ein jeder auf gegebenes Zeichen. Noch einmal beginnt der Gesang und noch einmal werden die Schalen gefüllt.

Am 24. Tage des 12. Monats findet in diesem Tempel unter großer Beteiligung des chinesischen Publikums, auch Mandschufrauen mit ihren hübschen Kopfputz sieht man dann in großer Zahl, das Fest der Teufelaustreibung statt. In etwas gleicht dieses demjenigen, das bei der Abhandlung über die Ruinen von Chan tan sze erwähnt wird.

Unweit, mehr nach Westen, liegt der

Confucius-Tempel mit der Kaiserl. Akademie
(Kuo tze chien).

Die große einfache Halle mit den hohen Holzsäulen und der Marmorterrasse vorm Eingang ist typisch für alle Confucius-Tempel in China.

Kommt man eben aus dem überreich [mit Götzen ausgestatteten Lama-Tempel, so wirkt die

Einfachheit dieses Kultus um so mehr auf einen.

Die Tafel des Confucius zeigt in chinesisch und mandschurisch nichts als die Worte: „Seelentafel des Confucius, des heiligsten Predigers der Ahnenverehrung."

Zu seiten stehen Tafeln von Men cius und anderen Philosophen. — Den Boden bedeckt eine besondere Art Matte, die aus Hüllen, welche die Blätter der Areka-Palme umgeben, gefertigt sind.

Die mächtigen Lebensbäume vor der Halle sollen von der Sung-Dynastie vor 1000 Jahren gepflanzt sein.

Die seitlichen Gebäude enthalten Tafeln von Schülern des Confucius, die sich durch Tugend (78 auf der Ostseite) oder durch fleißiges Wissen (54 auf der Westseite) ausgezeichnet haben.

Die 6 Monumente, die unter gelben Dächern im gleichen Hof stehen, erinnern an Eroberungen der Kaiser Kang hi, Yung cheng und Chien lung. Wenn der Seele des Confucius Kunde von den gemachten Eroberungen gegeben wurde, pflegte man eine solche Gedächtnistafel aufzurichten.

Besonders bemerkenswert sind 10 alte Steine, die rechts und links in dem Haupteingangstor stehen. Man nennt sie die Steintrommeln der Chow Dynastie (1122—209 v. Chr.)

Die Inschriften, in Siegelschriften, sprechen in Versen von einer großen Jagdpartie, die unter Hsüan zwischen 827 und 782 v. Chr. stattgefunden.

Eingangstor zur Halle der Klassiker.

Einige verlegen diese Jagd sogar in das Jahr 1110 v. Chr. Im 7. Jahrhundert nach Chr. wurden diese Steine in Schensi in einem wüsten Feld entdeckt. Nach mancherlei Irrfahrten kamen sie um 1126 nach Chr. nach Peking. Seit 1307 stehen sie an der Stelle, die sie jetzt inne haben. —

Gleich neben dem Confucius-Tempel liegt die **Halle der Klassiker.**

Durch einen reichgeschmückten Pai lou, aus glasierten Ziegeln, betritt man einen Hof, in dessen Mitte sich eine kleine viereckige Halle erhebt. Gelbe Ziegel decken das Dach, welches in einen großen goldenen Knopf ausläuft.

Die mit Marmorbalustraden umgebene Halle steht inmitten eines kleinen eingefaßten, an vier Stellen überbrückten Teiches. Ein großer Thron erhebt sich im Innern der Halle und hinter diesem ein Wandschirm: „Der Schirm der 5 Berge". — An den Säulen angebrachte Schriften erinnern daran, daß Chien lung es war, der das Werk seiner Vorfahren durch den Bau dieser Halle vollendete.

An jeder Seite des Hofes sieht man 200 aufrecht stehende Steine. Sie geben, auf beiden Seiten beschrieben, den ganzen Inhalt der 9 Klassiker wieder.

Pauken-Turm = Ku lou, 1600 m nördlich vom Kohlenhügel, in echt chinesischem Stil gehalten, erhebt sich der imposante Turm bis zur Höhe von 100 Fuß. Auf dem

Halle der Klassiker.

steinernen Unterbau, den mächtige Torbogen durchbrechen, ist ein hölzernes Stockwerk aufgesetzt.

Die Mongolen-Herrscher waren es, die diesen Bau ausführen ließen. Damals stand er im alten Khan-baligh, in der Mitte der Stadt.

Blick vom Paukenturm nach Süden.

Hohe, unbequeme Stufen führen zum ersten Stockwerk empor. Doch die Mühe lohnt sich: oben angekommen, wird man durch einen herrlichen Rundblick auf Peking und seine Umgebung für die gehabte Anstrengung [und den verlorenen Atem entschädigt. An klaren Tagen sieht man nicht nur den Sommer-Palast, die Edelstein-Pagode und die westlichen Berge, es heben sich dann auch deutlich die Nankou- und zuweilen auch die nordöstlichen und östlichen Berge in ihren zackigen Formen scharf gegen den blauen Himmel ab. —

Einige Schritte weiter nördlich liegt der

Glocken-Turm = Chung lou.

Aus Stein und Ziegeln erbaut, ist er nicht ganz so hoch wie der Pauken-Turm.

Auch ihn schuf die Mongol-Dynastie, der Ming-Kaiser Yung-loh reparierte denselben und der Mandschu-Kaiser Chien lung baute ihn, der inzwischen ein Raub der Flammen geworden war, wieder von neuem auf.

Über das „Werden" der etwa 120 000 Pfund schweren Glocke gibt es eine nette Geschichte: Der Kaiser Yung loh hatte den besten Glockengießer Pekings beauftragt, eine Glocke für diesen Turm zu gießen. Zweimal schon war der Guß mißlungen, und voll Zorn darüber drohte der Herrscher dem Meister Kwan yu mit dem Tode, wenn auch der Guß beim dritten Mal nicht gelänge.

Glockenturm = Chung lou.

Die Tochter des Glockengießers, ein Bild der Anmut, welche ihren Vater über alles liebte, erfuhr von der Drohung, die Yung loh ausgestoßen hatte. Sie sah ihres Vaters Verzweiflung, und so ging sie zu einem berühmten Sterndeuter und fragte ihn um Rat. Dieser versicherte ihr, daß auch der dritte Guß mißlingen müsse, wenn nicht beim Glockenguß das Blut eines unschuldigen Mädchens sich mit dem siedenden Metall vermische.

Der entscheidende Tag kam heran. Ko ai, so hieß das treue Kind, begleitete ihren Vater, um, wie sie sagte, Zeuge seines Triumphes zu sein.

In Scharen hatte sich die schaulustige Menge gesammelt; heute mußte sich ja das Schicksal Kwang yu's entscheiden!

Ein Signal wird gegeben, Musik ertönt, das siedende, rotflüssige Metall schießt in die bereite Form, da — ein Schrei! „Für meines Vaters Sache", ruft Ko ai und stürzt sich in die glühende Masse!

Entsetzen ergreift die Umstehenden, nur einem von ihnen gelingt es zuzufassen, doch auch er kommt zu spät, nur ein Schuh Ko ai's bleibt in seinen Händen.

Mit Mühe nur konnte der arme Vater abgehalten werden, dem Beispiel seiner mutigen Tochter zu folgen. Was kümmerte es ihn, daß der Guß herrlich gelungen, hatte er doch seine prächtige Tochter auf immer verloren. Ein Gebrochener, ging er nach Haus.

Und wenn jetzt die Glocke klingt, so glaubt man das Wehklagen eines sterbenden Mädchens zu hören, und deutlich vernimmt man im zitternden Nachklang den bittenden Ruf: „Hsieh" = Schuh. — „Die arme Ko ai ruft nach ihrem Schuh", sagt dann das Volk.

Tempel der Kaiser und Könige = Ti wang miao.

Nördlich der Straße, die zum Ping-tse-mönn hinausführt, gelegen, fällt er durch seine schönen gelben, gut erhaltenen Dächer auf. Er wurde im

16. Jahrhundert von den Mings erbaut und erst kürzlich wieder ausgebessert.

Eine große Geistermauer steht mitten auf der Straße. Nördlich derselben finden sich zwei interessante Steine aus Marmor. In sechs Sprachen, chinesisch, mandschurisch, mongolisch auf der einen und osttürkisch, kalmückisch und tibetanisch auf der andern Seite wird der Reitersmann ersucht, an dieser Stelle vom Pferd zu steigen und den Tempel zu Fuß zu betreten. In der großen Halle, wohl der schönsten und besterhaltensten in Peking, stehen die Tafeln der Herrscher Chinas von der ältesten Zeit an bis zum letzten Ming-Kaiser.

Nach Dr. Edkins war es Gesetz, denjenigen Herrschern keine derartige Tafel zu widmen, die lasterhaft oder grausam gewesen, oder ermordet worden waren, oder aber ihr Reich verloren hatten, auch wenn letzteres ohne eigene Schuld geschehen war.

Tyrannen, Feinden der Literatur und Usurpatoren war gleichfalls diese Ehrung versagt.

So wurde die Tafel Kublai Khans erst in späterer Zeit durch die Mings zugelassen.

Solange noch eine Dynastie herrscht, werden auch von den inzwischen verstorbenen Kaisern keine Tafeln aufgestellt.

Daher findet man auch noch keine Tafel für die jetzige, die Tsing-Dynastie, wohl aber ließ man, mit der Möglichkeit rechnend, daß eines

Tages auch für sie die Stunde geschlagen habe, einen Raum für sie frei. — Unter gelben Ziegeldächern stehen zur Rechten und zur Linken des Tempels je zwei außergewöhnlich große Schildkröten.

Wenig weiter nach Westen liegt die **Weiße Pagode** = Pai-ta-sze.

Erblickt man diesen Bau von weitem, beispielsweise vom Paukenturm aus, so vermeint man, daß er durch ein Kreuz gekrönt sei. Dieser Eindruck wird durch eine große, horizontal zur Marmorspitze verlaufende runde Kupferscheibe hervorgerufen. Die Scheibe, die in früherer Zeit mit Jaspis bedeckt gewesen sein soll, ist durch metallenes Gehänge verziert.

Vor 700 Jahren wurde die Pagode unter der Liao-Dynastie gebaut. Unter ihr sollen 20 Perlen, 2000 Lehm-Pagoden und 5 Bücher mit buddhistischen Gesängen vergraben sein. — Eiserne Lampen, für jeden Lama eine, säumen den Unterbau. Zurzeit dienen die Nebengebäude Lama-Priestern zur Wohnung.

Daran, daß 1900 hier Franzosen ihr Quartier aufgeschlagen hatten, erinnert noch heute das Wort „Cuisine", das an einem kleinen Bau, nahe der Pagode selbst, eingeätzt ist. —

Peitang (alter und neuer) Nordkirche.

Die Erbauung des Peitang in unmittelbarer Nähe der Kaiserlichen Paläste gestattete im

Jahre 1693 der Kaiser Kang chi. Zerstört und wieder erbaut, mußte die Kathedrale endlich im Dezember des Jahres 1887 geräumt werden, da es der Kaiserin-Witwe nicht behagte, daß man von den Türmen derselben in die Höfe ihrer Paläste hineinsehen konnte. Die stattgehabten Verhandlungen hatten dazu geführt, daß ein Neubau in der Nähe, wieder innerhalb der Kaiserstadt, mit chinesischem Gelde aufgeführt wurde.

Um das Ansehen der katholischen Priester zu wahren, sollte die neue Kirche mit einer Tafel geschmückt werden, in welche die Worte: „Erbaut auf Befehl des Kaisers" einzugraben wären. Zudem wurde das Geschenk einer Orgel angekündigt und die Erbauung von zwei Pavillons in gelbkaiserlicher Farbe befohlen (nach Favier).

Doch wurde bestimmt, daß die Höhe der Kirche nicht über 50 Fuß betragen und auch die Glockentürme den eigentlichen Bau nicht überragen dürften.

Die Namen Favier, Detring, Constans und Li hung schang sind mit der langen Vorgeschichte dieses Baues eng verbunden.

Am 30. Mai 1887 wurde der erste Stein gesegnet.

Die chinesische Regierung suchte den Bau mit allen Mitteln zu beschleunigen, 1200 Arbeiter wirkten Tag und Nacht, und so war es möglich, daß schon am 9. Dezember 1888 die neue Kathedrale eingeweiht werden konnte.

Ist sie im Äußern durch die gegebenen Bedingungen beeinflußt, so zeigt das Innere den rein gotischen Stil des 14. Jahrhunderts.

In dieser Kathedrale und ihren weiten Anlagen waren 1900 die Priester und mit ihnen an 2000 chinesische Christen eingeschlossen. (S. Belag. d. Gesandtschaften.) Noch heute zeugen in der Kirche die von Kugeln durchlöcherten Bilder von den Schreckenstagen damaliger Zeit.

Der Peitang ist der Sitz des apostolischen Vikariats von Nordchili. Bis vor zwei Jahren übte der bekannte Bischof Favier hier die kirchliche Gewalt aus. Jarlin, dessen Umsicht und Tatkraft während der schweren Zeit der Belagerung laut gerühmt ward, wurde sein Nachfolger.

Die Mission zählt etwa 30 Priester — Lazaristen — jeder Nationalität, die Hälfte jedoch sind Chinesen.

In mehr oder minder loser Verbindung mit dem Peitang steht die École française, eine Art Gymnasium; ein Priesterseminar, das etwa 150 Köpfe zählt; ein Waisenhaus; eine Druckerei; ein Pensionat und ein Hospital.

Das Waisenhaus wird von einigen wenigen Schwestern geleitet; es finden hier ausgesetzte und aufgefundene Kinder, meist Krüppel, liebevolle Aufnahme. Sie werden, Mädchen wie Knaben, für einen tüchtigen Beruf erzogen. Die kleinen wohlgenährten Wichte lernen ebenso eifrig schnatternd im Chor lesen, als die größeren Mädchen Spitzen klöppeln und Seidenstickereien fertigen. Man kann die von ihnen gearbeiteten Sachen zu einem nicht zu hohen Preis kaufen und auch dies und jenes auf Bestellung machen lassen. Der umfangreichen Druckerei, die sowohl chinesische Charaktere, als auch lateinische Buchstaben verwendet, gehen von weither große Aufträge zu. — In dem Hospital wirken nur Schwestern — Josephinerinnen — und chinesische Ärzte behandeln die Kranken des jedem Chinesen offen stehenden Hospitals.

Die ausgedehnten interessanten Anlagen mit ihren freundlichen Gärten sind eines eingehenden Besuches wohl wert.

Im unmittelbaren Zusammenhang mit dem Peitang sind

die Ruinen von Chan tan ze

zu erwähnen. Etwa 200 m nordöstlich vom Peitang lag dieser prächtige Tempel. Von hier erfolgten 1900 die unaufhörlichen Angriffe der Chinesen, Soldaten und Boxer, gegen die im Peitang Eingeschlossenen. Und wenn die Franzosen diesen Tempel von Grund aus zerstörten, so übten sie eben nur Vergeltung aus. — Mrs. Archibald Little erzählt über diesen Tempel und sein Standbild folgendes:

„Am 8. Tage des ersten chinesischen Monats pflegte der lebende Buddha vom Yung ho Kung herüberzukommen. Bewegungslos saß er dann auf einer Plattform. Eine Lampe, die aus einem Menschenschädel gemacht war, stand auf hohem Untersatz vor ihm. Seemuscheln, als Trompeten verwandt, begleiteten den Gesang, während 200 Lamas, als Teufel verkleidet, sich in wildem Tanz vor ihm vorwärts und rückwärts bewegten. Plötzlich öffneten sich die Türen des Allerheiligsten hinter ihm wie von selbst, nnd das wundervolle Bild, umgeben von kleinen Öllampen, wurde sichtbar. Der Altar war mit viereckigen Leuchtern verschiedener Farben bedeckt.

Der lebende Buddha trat dann in den Raum hinein und schloß die Türen hinter sich. Die Teufel tanzten nun wilder, denn zuvor, bis das Volk in Schrecken versetzt war. Plötzlich aber verschwanden, keiner weiß wie, die Dämone, und das Volk sagte, die Gebete des lebenden Buddha hätten es vollbracht. Danach ließ sich der lebende Buddha in seiner gelben Sänfte wieder von dannen tragen."

Das berühmte Bild war über 5 Fuß hoch und aus Sandelholz unter der Chow-Dynastie gemacht. Buddha selbst offenbarte, daß dies das einzige Bildnis sei, das ihm gleiche. Der König von Persien machte sich ein Abbild davon und nannte es Rau lai siang = dasjenige, was von selbst lebt und geht.

Je nach der Temperatur und Stunde wechselte es die Farbe, bis es von einer Ming-Kaiserin vergoldet wurde. Der Kaiser Kang hi sagte im 60. Jahre seiner Regierung, daß das Bildwerk 2710 Jahre alt sei und sich 1280 Jahre im Westen befunden habe und dann für 68 Jahre freiwillig in das Land der Dämonen gegangen sei. Danach habe es sich 14 Jahre in Kansuh, 17 in Singan, 173 Jahre in Kiangnan und anderen Orten aufgehalten, bis es schließlich nach Peking kam. Hier hielt es sich zunächst in diesem Tempel und dann 54 Jahre im Palast auf. Als der Palast abbrannte, kam es wieder zum Tempel zurück und blieb hier 59 Jahre. Unter den Ming-Kaisern wanderte es wieder und kehrte erst unter Kang hi in den Tempel zurück. Wo es nach der Zerstörung des Tempels im Jahre 1900 blieb? Manche sagen, es wandert wieder???

Li pai sze.

Nur die Geschichte dieser Gebäude, nicht sie selbst, die nur noch öde Ruinen sind, machen den Namen Li pai sze erwähnenswert. Als Chien lung auf seinen Eroberungszügen weit nach Westen kam, da sah er in Turkestan eine herrliche schöne Prinzessin. Er begehrte sie für seinen Harem. Allein die Prinzessin weigerte sich. Erst als ihr der Kaiser versprach, daß sie ihren mohamedanischen Glauben behalten könne, daß er ihr eine Moschee erbauen würde und daß er eine Zahl von der Prinzessin auszuwählende Landsleute ansiedeln wollte, da willigte sie ein.

So kommt es, daß südlich der Kaiserstadt, gegenüber dem kaiserlichen Theater, die Niederlassung von reinen Mohamedanern besteht. Selbstverständlich mußten auch sie sich den Sitten der Chinesen, Zopf und Monogamie, fügen. Sie haben sich aber bis heute rein erhalten und sind nicht etwa zu verwechseln mit Chinesen, die den Glauben Mohameds angenommen haben.

Auf dem südlichen Teil der Ost-Tartarenmauer liegt das

Observatorium.

Die Chinesen können sich rühmen, die älteste Sternwarte der Welt besessen zu haben. Schon im Jahre 1279 wurde das Pekinger Observatorium unter der Yuan-Dynastie auf Kublai-Khans Geheiß geschaffen. Es ist also fast 300 Jahre älter, als das erste europäische, nämlich als dasjenige, auf welchem der berühmte Tycho de Brahe in Dänemark seine Beobachtungen anstellte.

Die drei ältesten Instrumente standen im Hof zu Füßen der Mauer, und waren hier angekettet. Es waren dies ein Gerät zum Feststellen der Länge und Breite der Sterne, ein solches zum Bestimmen der Sternorte und ein Höhenmesser.

Von einzelnen wird behauptet, daß diese 3 Instrumente von Arabern hergestellt wurden und zwar zu einer Zeit, als nicht Peking, sondern Kaifeng fu die Hauptstadt des Reiches war. Als Beweis wird angeführt, daß auf den Instrumenten die Höhe des Nordpols auf 36⁰ über dem Horizont berechnet ist, was für Kai feng fu, aber nicht für Peking (40⁰) zutreffend sein würde. Danach stammten die Apparate, schon aus der Zeit 960—1270.

Die meisten Instrumente jedoch wurden um die Mitte des 17. Jahrhunderts unter der Leitung des berühmten Jesuiten Verbiest gefertigt. Diese prachtvollen Arbeiten chinesischer Kunst waren auf einer Plattform auf der Mauer auf schönen Marmorsockeln befestigt.

Auf Befehl Deutschlands und Frankreichs wurden diese seltenen Kunstgegenstände nach Europa gebracht, und jetzt kann man eine große Zahl von ihnen in der Orangerie in Potsdam bewundern.

Seit den letzten Jahren wird an der Herstellung des Observatoriums gearbeitet.

In der Nordostecke der Tartarenstadt befindet sich eine

Russische Niederlassung.

Als unter der Regierung von Kang hi der Krieg mit den russischen Kolonisten beendet wurde, da reihte der Kaiser die bei Albazin (1684) gefangenen Russen unter die Mandschu-Bannerleute ein und erlaubte russischen Priestern, sich hier anzusiedeln, um die Seelsorge für ihre Glaubensgenossen übernehmen zu können.

Besonders erwähnenswerte Straßen.

Die vom Ha ta mönn nach Norden führende breite Straße enthält, zumal auf der östlichen Seite, in ihrer ganzen Länge bis hinauf zu den 4 Triumphbogen besuchenswerte Curio-Läden. Zur Rechten geht, etwa in der Mitte zwischen Ketteler-Bogen und den östlichen vier Pailous die Yenyo hutung nach Osten. Hier ist die beste Cloisonné-Fabrik auf der Südseite der Straße (Jangtien li). Etwas weiter nördlich ist zur Linken die Straße der Bogenmacher sehenswert.

Die erste, westwärts führende Querstraße nördlich der vier Pailous bringt einen zum Lung fu tze, einem verfallenen Tempel, auf dessen Höfen an jedem chinesischen 9. und 10., 19. und 20., 29. und 30. großer Markt ist.

Nachmittags ist hier das regste Leben. Ein buntes sehenswertes Bild. Oft kann man billig gute Curios kaufen.

In derselben Straße gibt es neben einigen großen Gärtnereien prachtvolle Läden mit Kunstgegenständen jeder Art. Man sieht dort Rotlackschnitzereien und Cloisonnés im Wert von tausenden von Dollaren pro Stück.

V.
Nähere Umgebung Pekings.

Man könnte sagen, daß die Pekinger Ebene ihr Gepräge durch die Begräbnisplätze erhält.

Denn, wohin man den Blick auch schweifen läßt, gleich, ob man sich nur wenig von Peking entfernt, oder ob man 2—3 stündige Ritte in die Umgebung unternimmt, immer wieder begegnet man diesen Beweisen der weitgehenden Ahnenverehrung der Chinesen. An den ärmeren, auf dem eigenen Acker liegenden Grabhügeln reitet man vielleicht achtlos vorüber, aber die zahlreichen, verstreuten Begräbnisplätze der Wohlhabenden ziehen einen schon von weitem durch ihren schönen Baumschmuck oder die bei ihnen stehenden Monumente an. In großer Zahl sieht man mächtige Marmorschildkröten, welche Tafeln mit Inschriften auf dem Rücken tragen, zuweilen aber auch kleine Marmor-Tieralleen und nicht selten die eigenartigsten Priestergräber.*)

Saubere, wohlbewässerte Gemüsegärten von großer Ausdehnung, weite Felder, manche Tempel und Klöster mit schönen Tannen und zahlreiche baumumstandene Dörfer vervollständigen das Bild, dessen schöner Abschluß durch das nahe Gebirge gebildet wird. Wie viel der Chinese für die

---

*) Oft findet man Grabdenkmale, welche durch eine eigenartige Spitze gekrönt werden. Es sind dies lamaistische Pagoden. Die fünf Zeichen stellen die fünf indischen Elemente: Erde, Wasser, Feuer, Luft und Äther dar. Das Rechteck verkörpert die Erde, die oben und unten abgeschnittene Kugel das Wasser, der abgestumpfte Kegel das Feuer, die halbmondförmige Schale die Luft und die aufrecht stehende spitze Scheibe den Äther. —

Düngung seines Ackers tut, das kann man schon in Peking selbst wahrnehmen und leider auch riechen, wenn man an den zahlreichen Poudrette-Fabriken vorüber reitet. So sorgsam, wie er düngt und Unkraut ausjätet, so sorgsam berieselt er auch die größten Felder. Überall sieht man Brunnen und Rinnsale, die je nach Bedarf hierhin und dorthin gelenkt werden. Auch kennt der Chinese sehr wohl den Gebrauch des Pfluges, den er neben der breiten Tiefhacke verwendet.

Der an sich schon sehr fruchtbare Lößboden läßt denn auch Feldfrüchte jeder Art gut gedeihen. Hohen Kauliang verschiedener Sorte, Weizen, gelbe und weiße Hirse, Mais, Buchweizen, Bohnen, mancherlei Kohlsorten, Sesam, süße Kartoffeln, Erdnüsse, Gurken, Kürbisse, Wassermelonen, Zwiebeln, Knoblauch, Rüben, Radieschen, Spinat, Ricinusstauden, Baumwolle, Hanf und auch Reis kann man auf den Feldern sprießen sehen. An Früchten wären neben Äpfeln und Birnen, Pflaumen, Kirschen, Pfirsiche, Aprikosen, Wal- und Haselnüsse, Weintrauben, Kastanien und Parsimonen zu nennen.

Prächtige Gärtnereien, die Peking den ganzen Winter über mit Blumen wohl versorgen, findet man im nahen Fengtai.

Verläßt man Peking durch das An ting mönn im Norden der Stadt, so sieht man bald zur Rechten einen großen Tempel, den

Altar der Erde = Ti T'an.

Die Mongolen erbauten, der Ming-Kaiser Kiaking reparierte ihn. Die ausgedehnte Anlage birgt zwei Terrassen und einen kaiserlichen Palast, in welchem der Herrscher sich für die Zeremonie vorbereitet.

Zur Zeit der Sommersonnenwende muß er hier in Begleitung seiner Großen opfern.

Wendet man sich von diesem Tempel nach Nordwest und durchreitet den großen chinesischen Exerzierplatz, so hat man zwei Tempel vor sich, die beide unter Schun chih (1644—1662) begonnen und unter Kang hi (1662—1723) vollendet wurden. Diese Gebäude sind bekannt unter dem Namen

Gelber Tempel = Hwang sze.

Die westlichen Gebäude baute Chien lung für die jährlich ihren Tribut bringenden mongolischen Prinzen aus. Inmitten dieses Tempels erhebt sich auch die hübsche, eigenartige Marmor-Pagode, die Chien lung über den Kleidern eines in Peking an Pocken verstorbenen hohen Lamas errichten ließ. Die prachtvollen Reliefs, die 1900 durch die rohe Hand der Japaner beschädigt wurden, stellen Scenen aus dem Leben des Lamas dar. Besonders bemerkenswert ist ein Relief, das den Kampf mit den Ungläubigen veranschaulicht. Sobald die gefährlichen Waffen der in allerlei Gestalten anrückenden Feinde den Heiligenschein des Lamas erreichen, verwandeln sich die geschärften Spitzen in Blumen.

Pagode im Gelben Tempel.

Nicht minder erwähnenswert ist das Relief, welches den Tod des Lamas darstellt. Die ganze Natur trauert, auch die Löwen zur Seite der Bahre. Im Winter kommen die Mongolen und opfern hier seidene Taschentücher.

In dem östlichen, besser erhaltenen Teil wurden früher Bildnisse aus vergoldeter Bronze verfertigt, die dann an Mongolen und Tibetaner verkauft wurden. Hier machte man auch Kupfergefäße, die emailliert oder als Cloisonné verarbeitet wurden.

Unweit des östlichen Tempels befindet sich die Aufbewahrungsstätte der verstorbenen Priester. In kleinen viereckigen Kasten hocken sie in sitzender Stellung, bis sie schließlich verbrannt und die gesammelte Asche dann beigesetzt wird.

Verfolgt man die große Straße, die vom Hsi tschi mönn nach Nordwest führt und biegt von ihr nach Norden hinter dem ersten Tempel, der zur Rechten liegt, ab, so stößt man bald auf eine Telegraphenleitung. Reitet man nun an dieser entlang, so kommt man zum

Bartsch-Denkmal.

Am 9. April 1901 wurde an dieser Stelle der Hauptmann Bartsch vom 2. ostasiatischen Infanterie-Regiment hinterrücks erschossen, als er von dem Sommerquartier seiner Kompagnie allein nach Peking zurückritt.

Der Mörder, ein Chinese, wurde bald gefaßt und dem Richter übergeben. Hauptmann Bartschs Leiche wurde nach Deutschland überführt.

Reitet man von hier aus weiter in nördlicher Richtung, so erreicht man bald den **Großen Glocken-Tempel** = Ta dchung sze. Während der Tempel selbst erst unter Jung cheng 1735 erbaut wurde, stammt die große Glocke aus der Ming-Dynastie.

Von zehn Bronzeglocken, die Yung lo hatte fertigen lassen, ist nur diese eine noch vorhanden. Nach chinesischen Schriftstellern hat dieselbe eine Höhe von 15 Fuß, nicht gerechnet die langgestreckte reichverzierte Öse, an der die Glocke selbst hängt. Sie hat einen Umfang von 34 Fuß. Ihr Gewicht soll 87000 Pfund betragen.

Auf der Glocke finden sich innen und außen chinesische Zeichen in ungeheurer Zahl, Abschriften von buddhistischen Gebetbüchern. Das Jahr des Glockengusses und der Name des damals herrschenden Kaisers sind in größerer Schrift bezeichnet. Die Glocke hat keinen Klöppel, sie wird durch einen Holzbalken von außen zum Tönen gebracht. Ein Aufstieg in das obere Stockwerk ist sehr lohnend, einmal hat man einen netten Rundblick von hier auf die Gegend und dann ist die Arbeit der Glockenöse ganz besonders beachtenswert.

Fünf Pagoden-Tempel = Wu ta sze.

Ein schöner, mit alten Weiden eingesäumter Weg führt am Kanal-Fluß, der Peking (Nordwestecke) mit dem Sommerpalast verbindet, entlang. Gleich zu Anfang des Kanals sieht man am nördlichen Ufer die Halle, von der aus der Kaiser die prächtigen Dschunken besteigt. Schräg gegenüber liegen die großen Bootshäuser, in denen die schön ausgestatteten Dschunken Schutz gegen die Unbilden der Witterung finden.

Weiter westlich erblickt man eine langgestreckte Mauer auf dem südlichen Ufer, sie umschließt den „Garten der Wohltätigkeit". Zur Rechten läßt man Reisfelder und kleine Lotosteiche liegen.

Noch ein paar Mal windet sich der Weg und man erblickt rechts einen Tempel, der durch die Eigenart des Baustils auffällt.

Ein viereckiges großes Untergebäude, dessen Wände aus unzähligen Platten mit eingemeißelten Buddhabildern bestehen, trägt 5 Pagoden, deren jede 11 Stockwerke hat.

Ein Hindu vom Ganges, namens Bandida, kam vor etwa 500 Jahren mit 5 goldenen Bildern Buddhas und dem Modell eines diamantenen Thrones nach Peking, um dieses alles dem Ming-Kaiser Chengh hwa zu schenken. Der Kaiser gebot darauf, diesen Tempel im indischen Stile zu erbauen, damit er hier den Hindu begrüßen und die Geschenke in Empfang nehmen könne.

Fünf Pagoden-Tempel = Wu ta sze.

Abfahrtstelle der Kaiserlichen Dschunken zum Sommerpalast.

Neben dem Tempel stehen zwei prächtige Exemplare von Salisburia Adianbifolia.

Nicht ganz 2 km weiter westlich liegt hart am nördlichen Ufer das 1577 gegründete
Wan schou sze.
Hier rastet die Kaiserin-Witwe, wenn sie mit Dschunken zum Sommerpalast fährt. Die westlichen Gebäude sind als Wohnsitz für sie hergerichtet.

In den östlichen Gebäuden in deren Mitte ein schöner Garten mit umfangreichen künstlichen Felspartien liegt, leben die Priester. Im nördlichsten

Gebäude dieser Gruppe befindet sich ein gewaltig großer Käsch, hinter dessen Öffnung eine kleine glockenartige Scheibe ist. Man sagt, wenn es der Kaiserin-Witwe gelingt, durch das Loch die hintere Scheibe zu treffen, so wird das Jahr ein fruchtbares sein.

Im Jahre 1900 lag Major v. Förster mit drei Kompagnien seines Bataillons in diesen Tempeln.

Etwa 600 m nordwestlich des Ping tsö mönn liegt der

Portugiesische Kirchhof = Sha larl.

Die berühmten jesuitischen Missionare, die besonders im 17. Jahrhundert dank ihrer astronomischen Kenntnisse lange Zeit hindurch großen Einfluß beim chinesischen Hof hatten, ruhen hier.

An besonderen Namen sind Ricci, der erste Missionar, der 1595 nach Peking kam, Adam Schall und Ferdinand Verbiest zu nennen. Der Kaiser Wan li gab 1610 die Erlaubnis, Ricci hier zu begraben.

Nach Vertreibung der Jesuiten ging der Kirchhof in den Besitz der Lazaristen über. Als auch diese um 1830 aus Peking verjagt wurden, kaufte die russische Mission den Kirchhof mit allen zugehörigen Ländereien auf. Nach den Kriegen 1856—60 kehrten die Lazaristen wieder nach Peking zurück und übernahmen auch ihr altes Besitztum wieder.

Wendet man sich von hier südwärts, so gelangt man vorüber an dem halb verfallenen Bannerlager zu dem

Tempel des Mondes = Yüeh T'an.

Kiaking erbaute ihn. Zur Zeit des Herbst-Äquinoktium wird hier ein weißer Stier geopfert. Auch alle andern Opfer, Jade, Perlen, Seide, müssen von weißer Farbe sein. — Hier befindet sich auch die Tafel für die 7 Sterne des großen Bären, die 5 Planeten, die 20 Sternbilder und die übrigen Sterne.

Etwa 3 km westsüdwestlich des Ping tsö mönn liegt das kaiserliche Lustschloß

Tiao yü tai = Angel-Fisch-Terrasse.

Dieser ummauerte mit alten schönen Bäumen bestandene Park, ist ein beliebtes Picknick-Ziel für die Pekinger Gesellschaft. In dem verschlossen gehaltenem Teil der Anlage, der gegen Entgelt gezeigt wird, sieht man in den verfallenden Gebäuden noch alte seidene an bessere Zeiten gemahnenden Kissen und Pfühle.

Eine künstliche Felspartie begrenzt diesen Hof, der im Frühjahr von duftenden, üppig rankenden Glycinien erfüllt ist, auf der Südseite.

Viele der winterlichen Schleppjagden nehmen in dieser Gegend, dem Wang hai lou, ihren Anfang. —

Nicht ganz 2 km weiter südlich des Tempels des Mondes, nahe der Nordwestecke der Chinesenstadt, liegt der

Weiße Wolken-Tempel = Pai yün kwan.

Es ist dies ein Taoisten-Kloster, das unter den Mongolen erbaut wurde. Jedem, der zum Rennplatz hinausgeritten ist, ist dieser Tempel mit seinem in hellen Farben leuchtenden Eingangstor wohlbekannt.

Vom 5. Tage nach chinesisch Neujahr ab findet in und bei dem Tempel ein großes, 15 Tage dauerndes Volksfest statt.

Bei schönem, warmen Wetter wogt hier dann eine tausendköpfige ruhigfröhliche Menge hin und her. Leckereien und Spielwaren mannigfachster Art werden zum Verkauf geboten. Überall sind Tische aufgeschlagen, an denen man um ein Weniges Tee schlürfen kann.

In einem der vorderen Tempelhöfe befinden sich zwei ausgemauerte Vertiefungen, die von Geländern umgeben sind. In diesen Vertiefungen hängt zur Zeit der Festtage je ein kleiner und ein großer aus Pappe gefertigter, mit Goldpapier beklebter Käsch.

Halb verdeckt durch die beiden großen Käsch sieht man in zwei gemauerten Torbogen je einen Priester in einer Art Hypnose sitzen. Man muß nun mit Kupfermünzen nach einer im Loch der Käsch befindlichen Glocke werfen. Trifft man die klingende Glocke, so erlangt man für das kommende Jahr Glück und langes Leben. Dies Spiel ist natürlich eine ausgezeichnete Einnahmequelle für die Priester. —

Alle Tempel sind ringsum mit mächtigen Laternen behangen. In fast jedem der vielen Gebäude des großen, ausgedehnten, reichen Klosters werden von Männern und hauptsächlich von den zahlreich erschienenen Weibern Weihrauchstäbchen opfernd verbrannt, und unaufhörlich tönen die wohlklingenden kesselförmigen Gongs.

Oft sieht man die Chinesen die Tempelorakel befragen. Einen mit vielen Stäbchen gefüllten Holzbecher muß man solange schütteln, bis ein Stäbchen herausfällt. Der Priester ruft dann laut die Nummer des Stäbchens auf und ein anderer sucht die dazu gehörige Wahrsagung hervor und gibt sie dem Wissensdurstigen mit auf den Weg. —

Alle Räume und Höfe sind zugänglich gemacht und so kann man sowohl die nördlichsten Teile des Klosters mit den dreifachen hübschen Gartenanlagen und dem Theater besichtigen, wie auch die andern Tempel eingehend betrachten. In einem der westlichen Höfe sitzen zahlreiche Priester, teilweise mit zum Gebet erhobenen Händen, mit geschlossenen Augen unbeweglich da. In einer Hütte unweit davon hocken die drei ältesten Priester des Tempels.

An den letzten Tagen des Volksfestes finden auf der westlichen Seite auf der von Restaurants gesäumten Straße Pferde- und Wagenrennen statt. — Einzeln sausen Reiter (auf Paßgängern) wie Wagen im tollen Trab auf und nieder.

Der Hauptfesttag ist der 18. Tag des ersten chinesischen Monats. An diesem Tag versammeln sich nach der Meinung der Priester die Götter. In der Nacht vom 18. zum 19. erscheint eine der 8 Genien im Tempel in Gestalt eines Mandarins, einer Jungfrau oder eines Bettlers. Die Priester sitzen, die Genie erwartend, in einer Art Autohypnose da. —

Am Abend dieses Tages sind die Tempel reich illuminiert.

Das Fest schließt am 19. des 1. Monats.

Einige 100 m weiter südlich kommt man zum

Tempel des himmlischen Friedens = Tien ming sze.

Er wurde unter den Tangs (618—905) erbaut, doch gibt es hier einen „tönenden" Stein, der schon von der Han-Dynastie (206 v. Chr. bis 220 n. Chr.) herstammen soll. Die große weithin sichtbare Pagode, bei den Deutschen als Krummacher-Pagode wohlbekannt (nach dem Gesandtschaftsarzt, der hier wohnte), ist etwa 100 Fuß hoch und noch recht gut auch in ihrem interessanten Unterbau erhalten. —

Im Süden ist nur der
Kaiserliche Jagdpark = Nan hai tse
zu erwähnen. Zur Zeit der Mongolen-Dynastie, unter den Mings und auch noch in den Tagen von Kang hi und Chien lung jagten die Herrscher in dem weiten Gebiet fleißig auf Feder- und Wasserwild. Viele Paläste und Klöster lagen innerhalb der ausgedehnten Mauer, die von den Mings um den Park herumgezogen sein soll. Hier wurde vom Abbé David vor ca. 40 Jahren eine eigenartige unbekannte Sorte Hirsch von beträchtlicher Größe entdeckt. Man ist sich nicht klar, woher diese mittlerweile auch in zoologischen Gärten in Europa gezeigte Art stammt. (Elaphurus Davidianus.) Wild kommt sie auch hier nicht vor, doch glaubt man, daß sie aus den Gebieten Tibets, die dem Europäer unzugänglich sind, gekommen ist.

Zurzeit macht der baumlose Jagdpark einen öden Eindruck. Im nördlichen Teil wird er durch zahlreiche Militärlager, denen in jüngster Zeit mehrere neue zugesellt wurden, belebt. Der übrige Teil ist für die Bebauung freigegeben.

Altar der Sonne = Jih T'an.

Während ein Eingangstor an der Straße Hsi hwa mönn—Tungtschou ist, liegt der eigentliche Tempel etwa 1 km südlich der Straße. Man betritt ihn durch einen westlichen Eingang. Erbaut wurde er vom Ming-Kaiser Kia king.

Um die Frühjahrs-Nachtgleiche opfert der Kaiser hier vor der Tafel der Sonne. Diese Tafel ist vergoldet und mit roten Buchstaben versehen.

Der zu opfernde Ochse muß schwarz, und sämtliche Opfertiere jeder Art müssen männlichen Geschlechts sein.

Auf der nördlichen Seite obengenannter Straße, ein wenig mehr nach Westen, liegt der

Tempel der östlichen Berge = Tung yüeh miao.

In dem nördlichen Gebäude dieser taoistischen Tempelanlage befindet sich ein aus Bronze gefertigtes, wundertätiges Maultier. Verspüren die Chinesen an diesem oder jenem Teil ihres Körpers einen Schmerz oder ein Leiden, so gehen sie zu diesem Tempel und reiben das Maultier an den Stellen an denen sie selbst Schmerz empfinden. An einzelnen Stellen ist das Maultier recht abgegriffen! —

Recht sehenswert sind auch die andern Gebäude. Die Gottheit, die hier verehrt wird, ist der Geist des Tai shan, eines heiligen Berges in Schantung.

VI.

Weitere Umgebung Pekings.

Die Kaiserlichen Sommerpaläste:

Der jetzt von der Kaiserlichen Familie benutzte Sommerpalast heißt J ho yüan, von den Fremden nach dem in ihm gelegenen Hügel meist **Wan shou shan** genannt. Man erreicht ihn vom Hsi tschi mönn aus, indem man entweder der großen Straße nordwestwärts folgt oder unter den schönen Weiden am Kanal entlang bis Wan schou sze reitet und dann, nach Norden abbiegend, beim Dorf Hai tien die Steinstraße wieder begleitet, oder aber endlich, indem man dem Kanal bis zum Ende folgt.

Die meisten Bauten stammen von Chien lung, und es ist ein Irrtum, zu glauben, daß Wan schou shan erst erstand, als Yüan ming yüan 1860 durch die Engländer und Franzosen zerstört wurde. Auch Wan schou shan wurde arg mitgenommen, und noch jetzt zeugen viele Ruinen auf dem Nordhang von den Schrecken des Krieges. Die Gebäude am Südhang des Hügels sind wieder hergestellt und um manche neue vermehrt. —

Um einen klaren See, Kung ming hu, gruppieren sich die mit Tempeln und Marmorbrücken reich ausgestatteten Anlagen. Die Nord- und Ostseite des Wassers ist durch eine Marmorbalustrade eingefaßt. Die ganzen Bauten haben, den Hügel hinansteigend, die Front nach Süden. Charakteristisch ist ein breiter, mauerartig wirkender Aufbau, auf dessen östlicher und westlicher Seite Treppen eingelassen sind. Auf ihm steht eine große mehrstöckige Pagode. Wieder über dieser Pagode, den Hügel krönend, hebt sich ein schöner Tempel aus glasiertem Ton gefertigt, klar gegen

— 80 —

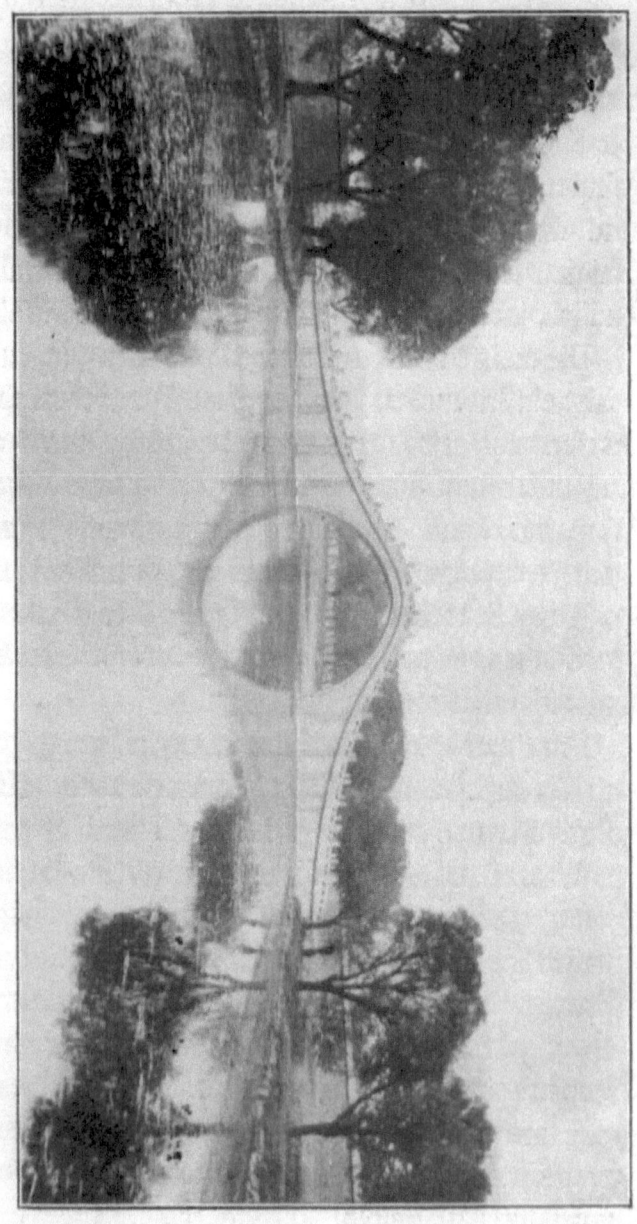

Marmorbrücke im Sommerpalast.

Marmorschiff.

den Himmel ab. Lord Elgin hatte ihn 1860 mit Bomben bewerfen lassen, und auch 1900 blieb er nicht unbeschädigt.

Ein Meisterstück chinesischer Arbeit ist eine ganz aus Bronze gefertigte Pagode. Vor allem gefällt an ihr eine mit Inschriften versehene, über dem Eingang hängende Bronzetafel. Von Gebäude zu Gebäude und am Ufer entlang führen reich bemalte Wandelhallen. Auf der südlichen Seite des Sees ist eine kleine Insel mit prächtigen Tempeln, und unter ihnen sind mannigfach künstliche Grotten angelegt.

Am östlichen Ufer bewacht ein bronzene Kuh den Zugang zur 17 bogigen Marmorbrücke. Allgemein bekannt ist das schöne Marmorschiff, doch sei dem, der es nur aus der Photographie kennt, gesagt, daß der Oberbau aus Holz gefertigt ist.

Die ganze Anlage mit ihren weißstrahlenden Gebäuden, gelben Dächern, dem grünen Baumschmuck und dem spiegelklaren See zu Füßen macht einen prächtigen Eindruck.

Für die Sicherheit des Kaisers sorgen zahlreiche Wachthäuser, die sich längs der ganzen ausgedehnten Mauer hinziehen.

Verfolgt man von Hai tien aus die Steinstraße in fast nördlicher Richtung, so stößt man auf den **Sommerpalast Yüan ming yüan.**

Hier residierte der Kaiser im Jahre 1860, als die Franzosen und Engländer nach der Wegnahme der Taku-Forts auf Peking anrückten. Als der Kaiser floh, plünderten die Franzosen den reichen Palast, und am 18. Oktober, etwa 10 Tage später ließ Lord Elgin ihn niederbrennen, um so einen Druck auf die chinesische Regierung auszuüben.

Die Gärten von Yüan ming yüan dehnen sich über mehrere Quadratkilometer aus. Neben vielen Ruinen, die von chinesischer Kunst zeugen, findet man in dem im allgemeinen ebenen Garten zahlreiche Bauten im italienischen Stil. Diese wurden durch katholische Missionare auf das Geheiß des Kaisers um die Mitte des 18. Jahrhunderts aufgeführt.

Die katholischen Brüder Benoit und Attiret schreiben von diesen Gärten und ihren Gebäuden,

Partie aus dem zerstörten Sommerpalast Yüan ming yüan.

von den Wasseranlagen und der bunten Farbenpracht in den höchsten Ausdrücken. Letzterer nennt den Garten ein Paradies auf Erden und sagt von einem Palast: „Alles, was Kunst und guter Geschmack der reichen Natur noch hinzufügen kann, hat man hier vereinigt." —
Jetzt stellt sich der Park als eine weite, öde, baumlose, durch kleine Hügel unterbrochene Fläche dar. Nicht die Europäer waren es, die diesen Zustand herbeiführten. Mit geringer Mühe hätte man 1860 den Palast wieder in Stand setzen können. Allein, man wollte nicht, und so begannen die umwohnenden Chinesen ihr langsames

zum sichern Ende führendes Zerstörungswerk. Um Holz zu gewinnen, beraubten sie den Garten des reichen Baumschmucks und, um sich in den Besitz der eisernen Klammern zu setzen, wurde eine Mamorsäule nach der andern gestürzt.

Nicht weit vom Wan chou shan erhebt sich der 100 Meter hohe Hügel

Yü ts' üan shan = Berg der Nephrit-Quelle.

Hier entspringt der klare Quell, der den Kung ming hu speist, dessen Wasser dann weiter in dem Fluß-Kanal, häufig durch Schleusen gehemmt, Peking an der Nordwestecke erreichen. Durch ihn werden auch die Lotosteiche und die die verbotene Stadt umgebenden Gräben versorgt. Durch das Kanaltor fließt das Wasser dann in den Wallgraben und von hier in den Tung tschou-Kanal.

Auf dem Yü ts'üan shan hatten die Kin-Kaiser ihre Sommerpaläste, noch jetzt kann man die Ruinen sehen. Weithin sichtbar erhebt sich auf dem Gipfel des Hügels die vieletagige Pagode Yü feng ta. Sie wurde, wie auch die meisten jetzt noch im guten Stand befindlichen Anlagen, vom Kaiser Kang hi erbaut. Das Ganze wird von einer Mauer umschlossen. Zu Füßen des Hügels, noch zum Teil ihn erkletternd, liegt ein wundervoller, wohlgepflegter Park mit schönen Wandelgängen und spiegelklaren Seen. Ersteigt man den Hügel, so kommt man an mancherlei interessanten Grotten und Tempeln vorbei und hat schon von halber

Höhe einen ausgezeichneten Blick auf den Sommerpalast Wan schou shan. Nach dem Gebirge zu sich wendend, sieht man in vielen Einbuchtungen hübsche Klöster liegen. Vor allem fällt einem ein großer, durch eine Mauer, die bis zur Höhe des Berggipfels hinaufklettert, eingehegter Park auf. Es ist dies

der Kaiserliche Jagdpark,

bekannt unter dem Namen Hiang shan. Sein eigentlicher Name ist Ts'ing yi yüan. In dem schönen schattigen Walde finden sich, nach Brettschneider, die weißrindige Pinus Bungeana, Juniperus chinensis und Thuja orientalis in großer Menge. Dazwischen sieht man jedoch auch Laubholz, namentlich Maulbeerbäume, Ulmus pumila, Celtis sinensis, Koehlreutera paniculata, die unvermeidliche Ailanthus glandulosa, Fraxinus ornus und manche interessante Sträucher. Schon vor vielen hundert Jahren erfreuten sich die Herrscher Chinas hier der sprudelnden klaren Quellen und der schönen Natur, schon die Kin-Kaiser, welche hier Sommersitze hatten, wandelten die schattigen Wege entlang und sahen die durch die Marmorbrücken sich durchschlängelnden Wasser der Ebene zueilen.

Ein großer Lama-Tempel, in grün und gelb glasierten Ziegeln aufgeführt, stammt, wiewohl schon verfallend, erst aus dem 18. Jahrhundert.

Auf dem Hiang shan und zwar auf dem Berge Shun soll der letzte Liao-Kaiser, der von den Kin vertrieben wurde, begraben sein.

Nur wenig nördlich liegt das schöne **Pi yün sze** = Kloster der smaragdgrünen Wolken. Man kann diesen Tempel wohl als einen der schönsten von denen, die in den westlichen Bergen liegen, bezeichnen. Gleichwie Wu-ta-sze ist er in der Hauptsache in indischer Bauart gehalten, nur ist er viel reicher und unter Verwendung von schönem Marmor erbaut.

Am Zugang zur Brücke finden sich zwei Löwen; dahinter steigt eine große Freitreppe an, die zur großen Empfangshalle führt. In der nächsten Halle sieht man die überlebensgroßen Figuren der Krieger Chin und Cha, die Haus- und Tempelhüter. Die für alle chinesischen Tempelanlagen typischen zweigeschossigen Türme, Glocken- und Paukenturm stehen im folgenden Hof. In der nächsten Halle sitzen auf jeder Seite zwei mächtige Figuren, die Sze-ta-tien-wang, die vier großen Himmelskönige. In der Mitte hockt zufrieden lächelnd mit gekreuzten Beinen der Maitreya, der kommende Buddha. —

Galerien umgeben den folgenden Hof. In der Mitte desselben steht ein großer Tempel, der das Hauptheiligtum, die indische Tschaitya enthält. Er birgt ferner Buddhagruppen mit einer Anzahl von Boddisottvas, heiligen Engeln.

Pi yün sze.

In den Galerien sieht man Darstellungen des buddhistischen Jenseits, das Leben im Himmel und in der Hölle. —

Im nächsten Hof steht ein „Peiting". Ein Peiting ist eine Schildkröte, die einen Gedenkstein, der auf beiden Seiten beschrieben ist, als steinerne Urkunde auf ihrem Rücken trägt.

Nach diesem „Peiting" ist der Erbauer der neueren Anlagen Chien lung. Die Inschrift lautet etwa: „Gedenkstein des Kaisers Chien lung aus dem 14 Jahre seiner Regierung; Nov./Dez. 1749, betreffend die Renovierung von Pi-yün-sze. Der Kaiser preist den Tempel als den schönsten in den westlichen Bergen.

Die ersten Anfänge des Tempels gehen auf die Zeit der Mongolen, der Yüan-Dynastie zurück, und zwar etwa auf das Jahr 1240. Ein reicher Chinese Li-Chi schenkte sein Haus der Kirche und machte die ersten Anlagen auf dem Berge. Der eigentliche Tempelbau im großen Stil wurde aber erst unter der Ming-Dynastie 1506—1522 von einem Eunuchen und Zolldirektor Yü Ching ausgeführt. Der berühmte Eunuche Wei-chung Hsin, gestorben 1627, welcher gegen das Ende der Ming-Dynastie viele Jahre de facto über China herrschte und dem zahlreiche Tempel errichtet wurden, in denen man sein Bild wie das eines Kaisers verehrte, tat sehr viel für die weitere Ausschmückung von Pi-yün-sze.

Der Kaiser weist auf die niedrige Gesinnung des Eunuchen, der die Ming-Dynastie mit zu Grunde gerichtet hat und auf seine später erfolgte Enthauptung hin. Der Kaiser ist von seiner Sommerresidenz Tsing-yü-yüan aus häufig bei Pi-yün-sze vorbei gekommen und hat sich stets an dem Anblick seiner Waldungen und Täler erfreut. Da die alten Tempel des Schutzes der Herrscher bedürfen, so hat er Pi-yün-sze restaurieren lassen und ihm seine ursprüngliche Reinheit wiedergegeben. Zur Erinnerung daran hat er eigenhändig diese Inschrift geschrieben." (Nach Boerschmann.)

Im nächsten Hof, dem Haupthof, befindet sich ein Tempel mit Buddhadarstellungen, im übrigen sind dort die Wohnräume für den Oberpriester und Fremde, welche sich dort einmieten wollen. Westlich dieses Hofes ist der große Tempel in dem die 500 Lohans, Jünger Buddhas, in Lebensgröße aus vergoldetem Stuck dargestellt sind.

Östlich der mittleren Höfe und Bauten liegt eine Flucht von Gebäuden, die als Wohnräume für den Kaiser gedacht waren. Grottensteine und Teiche beleben die Höfe, im letzten derselben entspringt der den Tempel durchströmende Quell.

An diese ganzen Tempelbauten schließt sich im Norden eine weitere Anlage mit einer großen Marmorpagode, die mit Recht ein Wunderwerk chinesischer Baukunst genannt wird. Ein prachtvolles Marmorpailou, das mit Ornamenten und Skulpturen reich versehen ist, eröffnet die Reihe des Sehenswerten. Der Drache, das Sinnbild des Glücks, der geheimen in der Erde und dem Himmel schlummernden Naturkräfte und der Phönix, die Verkörperung der Verjüngung und der Wiederauferstehung, zieren den Bau. Die anschließenden Mauern zeigen Reliefgruppen, Darstellungen aus dem Leben Buddhas und symbolische Tiere.

Weiter geht es über eine Marmorbrücke zu zwei Peitings. Auf den 4 Seiten der Platten ist in chinesisch, mandschurisch, mongolisch und tibetanisch die Erbauungsgeschichte dieses Monuments verzeichnet. — „Auf Befehl des Kaisers Chienlung ist diese Inschrift im 14. Jahre seiner

Regierung im 11. Monat (nach unserem Datum Dez. Jan. 1749/50) ausgeführt. Die Diamantthronpagode ist auf Befehl des Kaisers nach einem Modell gebaut, welches buddhistische Priester aus den westlichen Ländern als Geschenk an den Hof gebracht haben. Sie soll nicht zur Aufbewahrung einer Reliquie, eines Zahnes oder eines Haares Buddhas, sondern nur zur Erinnerung an das erste Auftreten Buddhas dienen und seinen Thron darstellen. Die 5 Türme zeigen an, daß der Buddhismus sich nach alle vier Himmelsrichtungen ausgebreitet hat. Buddha selbst wird durch den 5., mittelsten, bezeichnet.

Noch ein aus Backsteinen und Terrakottaplatten erbautes Tor ist zu durchschreiten und der Hauptbau ist erreicht.

Eine große Marmor-Freitreppe, die von Cypressen eingefaßt wird, führt zur oberen Plattform, auf der der eigentliche Diamantthron steht. Die ganze Pagode besteht aus zwei großen massiven Terrassen, deren oberste von 5 Pyramiden und 2 Flaschenpagoden gekrönt wird. In der Mitte zwischen Aufbauten befindet sich eine kleine Kapelle die über dem Treppenaufbau gebaut ist. Eine schöne Cypresse, die auf der Plattform wächst, hebt sich prächtig gegen den weißen Marmor ab.

Des Diamantthrons mächtige Gesimse sind mit reichem Ornamentschmuck versehen. Über diesen folgt eine Reihe Buddhas, dann ein Streifen mit gehörnten Drachenköpfen und wieder Buddhas. Eine wuchtige Balustrade schließt den Bau nach oben ab. Ein Portal führt in eine kleine Kapelle, in der eine aus schwarzem Marmor gefertigte Statue der Göttin Kuan-jin thront. Sie ist die Göttin der Barmherzigkeit und heißt auch Kuan-jin-possa.

Die Flaschenpagoden sind im unteren Teil nach altbuddhistischer Auffassung in Form einer Seifenblase, dem Symbol der Vergänglichkeit des Lebens, gebildet. In der einen Pagode thront Knan-jin-possa, die ursprünglich aus Indien stammt und dort als Gautama Buddhas, auf Erden wandelndes Ebenbild gilt. In der anderen Flaschenpagode sieht man den Uschnitza-Widschu mit 3 Köpfen und 8 Armen sitzen. In jeder Hand hält er eins der buddhistischen Symbole z. B. den Donnerkeil, einen Salbentopf, ein kleines Buddhabild u. a. . . In der Stirn hat er ein drittes Auge.

Den Abschluß der Anlage bildet stimmungsvoll der Begräbnisplatz der Priester.

Von hier nach Nordost gelangt man nach **Wo fo sze** = Kloster des liegenden Buddha.

Eine schöne Allee von Lebensbäumen führt zu einem sehr gut erhaltenen dreitorigen Pailou. Die glasierten Tonziegel desselben zeigen grelle, leuchtende Farben, welche zu den einfachen marmornen Einfassungen der 3 Bögen in hellem Kontrast stehen. Über einen kleinen klaren Lotosteich gelangt der Besucher auf einer breiten Brücke ins Innere der Anlage.

Im zweiten Hof liegt in einer Halle ein großer, schlafender, aus vergoldetem Ton gefertigter Buddha. —

Unter der Tang-Dynastie soll an Stelle dieses bronzierten Buddhas, welcher von der Mongol-Dynastie herstammt, ein aus Sandelholz gefertigter Buddha gelegen haben. —

Weiter nördlich fallen auf den Bergen sonderbare Bauten im tibetanischen Stil auf. Sie sind auf den Kaiser Chien lung zurückzuführen. Man wußte, daß die Festungen in Tibet terrassenförmig gebaut seien und so ließ der tatkräftige Kaiser, ehe er die Heere gen Westen sandte, seine Soldaten sich an diesen Bauten im Stürmen üben.

Reitet man um die Ostseite von Wan shou shan herum und hält sich dann nördlich, so kommt man an das Defilé von Kin shan kou. Dieser nur für Reiter und Fußgänger passierbare Weg führt quer durchs Gebirge auf

Hei lung t'an = Teich des schwarzen Drachen. Dieser Tempel erhebt sich mit seinen Gebäuden und Gärten terrassenförmig über einem Bassin voll klarem Wasser, das rings von Bäumen umstanden ist. Dieser Ort wurde von den Ming-Kaisern häufig besucht.

Etwa 3 km weiter nach Westen liegt

Wen ts' üan sze = Kloster der warmen Quelle.

Diese Quelle ist schwefelhaltig und soll in der Tat heilkräftig sein. Der letzte Kaiser, der die Quellen häufig aufsuchte, war Kang hi.

Die westliche Richtung im allgemeinen innehaltend kommt man zu
Ta kio sze = Tempel des großen geistigen Erwachens.
Terrassenförmig lehnt sich das große Kloster mit seinen weiten Höfen und Gärten und schönen Tempeln an die Berge an. Der mit künstlichen Wassern wohl ausgeschmückte Tempel wurde um 1428 gegründet. Eine ganze Anzahl von Jahren hatte die deutsche Gesandtschaft hier ihren Sommersitz.

Im Mai treten von Ta kio sze aus viele Chinesen ihre Pilgerfahrt zum
Miao fêng shan
an. Der Aufstieg auf den „Berg des schönen Gipfels", der nur für Fußgänger benutzbar ist, ist recht beschwerlich und nimmt 3 Stunden in Anspruch.

Über den Ziegenberg (Yang shan) und die Station Lo po ti geht es hinunter zum Dorf Kienkou. Hier trifft man auf zwei andere zum Miao feng shan führende Wege. Der eine kommt von Norden, von Yang fang, der andere von Süden von San kia t'ien. Noch 1000 Fuß sind zu ersteigen, und man hat die Klöster erreicht. Eine prachtvolle Aussicht auf die Bergketten ringsum belohnt für die gehabte Mühe vollauf. Der höchste Punkt wird auf den meisten Karten auf 1300 m angegeben.

Besteigung des Miao feng shan vom Hunho-Tal aus.
In bequemem 4½ stündigen Ritt — man schickt das Gepäck, auf Maultieren verladen, am besten am Vormittag voraus, während man selbst am Nachmittag abreitet — wird San kia tien, am linken Ufer des Hunho, erreicht. Man verläßt Peking durchs Pingtse-mönn und reitet an der Pa li tschwang Pagode und dem Huang ling, südlich Tientsun, vorbei. Hinter Tientsun ist der Weg eine Strecke mit Steingeröll bedeckt und daher unbequem. Etwa südlich von Tientsun erblickt man auf einer kleinen Hügelgruppe die Kloster Pa pao shan und Hu kuo sze, während man rechts vorwärts die 8 Kloster Pa ta chu an grünem Hang sieht. Nachdem Mo shi kou passiert ist, reitet man an dem reichen Mayü — Übergangsstelle über den Hunho — vorbei und hat dann bald das langgestreckte San kia tien erreicht. Überall sieht man in den weiten Höfen große Kohlenlager. Die Kohlen werden in den benachbarten Bergen gewonnen und auf Maultieren hierher gebracht, um dann auf Kamelsrücken nach Peking zu wandern.

Das Gepäck marschiert 7 Stunden.

Am Nordende des Dorfes liegt der beste Gasthof. Hier führt eine über Faschinen gelegte

Laufbrücke über den linken Arm des Hunho; auch der breitere, weiter westlich liegende Arm des schmutzigbraunen Flusses ist in dieser Art überbrückt.

Am andern Tage erreicht man in $^3/_4$ stündigem Ritt — meist ist der Weg felsig — das unweit des Hunho gelegene Kün-chuang. Hat man Pferde oder Ponys, die einem wert sind, mit sich, so sendet man sie am besten von hier aus über Yang-kia-t'ur — Ch'ai kou nach Takiosze. Man selbst folgt dem Lauf des Hunho, immer auf dem linken Ufer, etwa noch $^3/_4$ Stunden lang weiter. Nach $^1/_4$ stündigem Marsch passiert man eine Kalkbrennerei und nach einer weiteren halben Stunde erreicht man eine große Obstplantage. Nun muß man rechts in ein Seitental abbiegen. Nach einem Marsch von 25 Minuten sieht man links oben einen kleinen Tempel. Der richtige Weg führt an diesem Tempel vorbei und durch das Yang ling (ein Tor), von welchem man einen hübschen Blick hat, hindurch. Nun geht's wieder hinunter in ein baumbestandenes Tal; man muß die nördliche Richtung einhalten. Zunächst kommt man an das Dorf Tao-yüan, dann nach weiteren 3 Li nach Nan djüang und schließlich 10 Li südlich von Kien-kou nach Yin-tan-go-tsun. Auf dem Yang-shan, der rechts liegen bleibt, sieht man ein reiches, gut gehaltenes Kloster liegen. Von Yin-tan-go-tsun aus geht's wieder bergan, vorbei an einer verfallenden Tempelanlage, von der man einen prächtigen Blick auf das Hunhotal hat. Nicht mehr lange hat man zu steigen, dann steigt man auf bequemem Wege langsam wieder hinunter nach Kien-kou, immer mit dem Blick auf das auf steilem Felsen trotzig emporragende Kloster des Miao-feng shan. Ein letzter halbstündiger Aufstieg läßt einen dann das ausgedehnte Kloster erreichen. Es empfiehlt sich sehr, den höchsten Punkt des Miao-feng-shan — das Kloster selbst liegt um 260 m niedriger — zu besteigen, da man von hier sowohl gegen die Nan-kou-Berge und dem Po-hua-shan zu, wie auch übers Hunho-Tal einen vorzüglichen Ausblick hat. — Von San-kia-tien bis zum Miao feng shan-Kloster marschiert man bequem in 7 Stunden. —

Am nächsten Morgen steigt man wieder hinunter nach Kien-kou. Hier erfrägt man den ostwärts führenden Weg nach Lo po ti und Ta kio sze. Die Maultiere nehmen einen weiteren, nördlich ausbiegenden Weg. Nachdem man in einem anstrengenden steilen Anstieg die Höhe erreicht hat, geht's auf schönem, bequemen Weg am Berghang entlang nach Lo po ti, das nach $1^1/_2$ Stunden (von Miao-feng-shan aus gerechnet) passiert wird. Nach einer weiteren Viertelstunde ist der vorliegende Höhenrücken erreicht, von dem man dann in das Tal, das nach Ta kio sze führt, hinabsteigt. Der Abstieg ist ungemein steil, mühsam muß man von Stufe zu Stufe klettern. So steigt man, immer einen herrlichen Blick vor Augen, zum Tempel Shan ping tai und weiter zum Tempel Djan jüa hinunter. Nach insgesamt $3^1/_2$ stündiger Wanderung gelangt man schließlich zum schönen Takio sze. Von Ta kio sze reitet man noch am Nachmittag über Hei lung tan und das Defilé von Kin shan kou nach Peking zurück. Hat man das Defilé passiert, so sieht man bald zur Rechten an den Berghängen einige der an anderer Stelle beschriebenen Si tsang tien (Nachbildungen tibetanischer Bauten.)

Verläßt man Peking durch das Ping tsö mönn in westlicher Richtung, so sieht man bald die hochragende Pagode

Pa li chuang (4 km westl. Peking) = 8 Li Dorf.

Nach chinesischen Schriftstellern erhebt sich dieser 13 Stockwerke hohe Turm bis in den Himmel. Ehemals verehrten die Chinesen in der von einem Ming-Kaiser erbauten Pagode, die von vielen Tempeln umgeben war, eine 1 Fuß hohe, aus echtem Gold gefertigte Gottheit. Der übrige Aufbau des verfallenden Turmes ist aus Ziegeln gefertigt.

Von hier geht es weiter zum Dorf Tien ts' un, in dessen Nähe südlich ein

Huang ling = kaiserlicher Friedhof

liegt. Die Leichen derjenigen Kaiser, welche in den Hsi lings beigesetzt werden sollen, finden hier bis zur Fertigstellung der umfangreichen Bauten eine vorläufige Ruhestätte.

Weiter nach Westen kommt man durch das Dorf Huang ts'un und sieht dann auf dem Tsui wei shan (der grüne Berg) in verschiedener Höhe 8 Klöster

Pa ta ch'u = die acht großen Kultusstätten. (Sommerquartier der englischen Gesandtschaft.) Diese nett gelegenen Tempel gaben für viele Gesandtschaften angenehme Sommersitze mit prächtiger Aussicht ab.

Im Jahr 1900 hatten sich die Boxer hier festgesetzt. Eine große internationale Expedition gegen dieselbe unter englischer Führung verlief ergebnislos. Da man die Boxer nicht fand, hielt man sich an die schöne weiße Pagode — Ling kuang sze, die dem Erdboden gleich gemacht wurde. —

Hält man sich von Tien t'sun ab genau westlich, so kommt man zum weithin sichtbaren

Shi ching shan = Steinerner Aussichtsberg, der an seiner westlichen Seite steil zum Hunho abfällt. Auf dem Gipfel des eigentümlich geformten 460 Fuß hohen Berges erhebt sich ein kleines Kloster. — (Will man diesen Berg auf dem kürzesten Wege erreichen, so muß man Peking durch das Hsi pien mönn verlassen.) —

Der an dieser Stelle zweiarmige Hunhu wird durch eine Furt und ev. durch eine Fähre gekreuzt. Der Wasserstand desselben ist recht verschieden. Oft schleppt sich müde ein schmales Rinnsal durch das breite sandige Bett und dann wieder, zur Regenzeit zumal, rauschen im wuchtigen Schwung die dunkelbraunen Wasser daher, die Ufer dämmen nur mühsam die schmutzigen Fluten zurück.

Weiter südlich liegt am Ufer eine uralte Eisenkuh, die nach dem Volksglauben zu brüllen anfängt, wenn der Fluß anschwillt.

Die Anwohner sollen hierdurch gewarnt werden. Der natürliche Grund hierfür ist folgender: Der Hunho macht bei dem Wall, auf dem die Kuh liegt, einen Bogen, so daß die Wogen gegen das Ufer drängen und tosen und brüllen, wenn viel Wasser den Hunho hinabkommt.

Südwestlich geht's weiter über Tsao ko chuang, Shi ch'ang und Ko lo t'or. Vor sich sieht man den ganzen Weg vom Hunho aus, inmitten eines dunklen Waldes ein Kloster —

Chieh tai sze (sprich Dyie tai sse) = Kloster der Gebotsterrassen.

Ein schöner aber mühsamer Aufstieg, bei K'o lo tur beginnend, führt hinauf zu dem Kloster, das bald dem Blicke entschwindet und das man erst plötzlich nach mehr als stündigem Steigen wieder aus dem schönen Grün auftauchen sieht. Chieh tai sze ist eins der ältesten Klöster Chinas. Nach einer Inschrift stammt es aus der

Chiets tai sze.

Terrasse in Chieh tai sze.

Tang-Dynastie (8. oder 9. Jahrhundert). Chien lung (1736—96), den die prächtige Lage des Tempels zu manchen Versen begeisterte, tat viel zum Ausbau und zur Erhaltung desselben. Auf einer breiten Terrasse von selten großer Ausdehnung erheben sich neben anderen Bauten zwei große, schöne Tempel. Uralte, hochragende Bäume in den mannigfachsten Formen gewachsen, geben kühlenden Schatten. Die ganze den Hügel hinankletternde Anlage mit ihren weiten Höfen und vielen Tempeln ist dank dem sorgsamen Walten des eifrigen Oberpriesters vorzüglich gehalten. Ringsum die Hügel mit ihrem dichten Grün laden zum schattigen Spaziergang. — Unter Eichen verschiedener Art, prächtigen Fichten und nützlichen Maulbeerbäumen hindurch führen schmale Pfade zu schönen Schluchten, stillen stimmungsvollen Priestergräbern und herrlichen Aussichtspunkten. — Doch zurück zur Terrasse, von deren nördlichem Rand man einen schönen Blick in die weite Ebene hat.

Die buddhistischen Mönche legen im nördlichsten Tempel auf einer in diesem befindlichen großen Marmorterrasse ihr Priestergelübde ab. Ein seltsamer Brauch fordert, daß sie bei dieser Gelegenheit mit glimmenden Räucherstäbchen an Armen und Kopf gezeichnet werden. Den Narben nach zu urteilen, muß die Prozedur recht schmerzhaft sein.

Auf dem Hof, in dessen Mitte sich obengenannter Tempel befindet, sieht man nördlich und südlich desselben schöne Bronzen und in einem kleinen Tempel auf der Nordseite des Hofes die eigenartige wertvolle Statue des 1000-armigen Buddhas, die aus schöner Bronze verfertigt ist.

Vorzüglich geeignet ist Chieh tai sze als Standquartier, wenn man die umliegenden Berge besuchen will.

In kurzem Spaziergang ist eine große Grotte westlich von Chieh tai sze zu erreichen. Der alte Priester „Bienenkönig" ob seiner Bienenzucht von den deutschen Soldaten, die in Chieh

Höhlentempel unweit Chieh tai sze (beim „Bienenkönig").

tai sze ein wundervolles Sommerquartier haben, genannt, liefert Führer und Fackeln zur Besichtigung der Grotte. —

Steigt man von hier höher hinauf, so kommt man durch eine hübsche Schlucht zu einem kleinen Tempel. Steil ragt an seiner Rückseite die Spitze des Berges empor. Dem tüchtigen Bergsteiger sei es empfohlen, den Aufstieg bis auf diesen Grat auszudehnen, denn man hat von hier einen wirklich selten schönen Blick auf die vielen Bergketten, die sich hinter einander reihen.

Etwa zwei Stunden nordwestlich von Chieh tai sze liegt

Tan chê sze = Kloster des Eschenweihers. Auch dieses Kloster ist schön inmitten von schmuckem Grün gelegen, doch fehlen die breiten Terrassen und der weite Ausblick. Schon im 4. Jahrhundert soll hier ein Tempel gestanden haben. — Neben einem der Haupttempel steht eine größere Zahl von Salisburia verschiedener Größe und ungleichen Alters dichtgedrängt zusammen. Der älteste Baum dieser Art soll von Kaiser Yung lo eigenhändig gepflanzt sein, er führt daher auch seinen Namen. Auch den andern Bäumen daneben wurden von den Priestern Namen gegeben, so sieht man den ansehnlichen „Kang hi" und das kümmerliche Bäumchen „Kwang sü".

Doch sollen die Herrscher seit langer Zeit den Tempel nicht besucht haben, können also die Bäume auch nicht selbst gepflanzt haben.

In einem runden Tempel mit Innenbau gibt es noch mancherlei interessante Stücke zu sehen. — In den dichten Ranken der Schlinggewächse windet sich eine wohlgemästete zahme Schlange, und in einem kleinen Hof sieht man einige hübsche Edelhirsche. —

Nördlich von Chieh tai sze liegt in einer grünen Schlucht das Kloster

Si fêng sze = Kloster des Westgipfels.

In diesen aus der Mongolenzeit stammenden Tempeln befinden sich die sterblichen Überreste eines Heiligen, welche von außen mit einer festen Masse überzogen und dann vergoldet sind. Man kann derart den Heiligen von einem Götzen nicht unterscheiden.

Chieh tai sze ist noch auf folgende Weise zu erreichen: Man reitet durch das Hsi pien mönn, nördlich der Bahn bleibend, rein westwärts nach Lu kou kiao, überschreitet vor der ummauerten Stadt Kung hi cheng die Eisenbahn und geht auf der sogenannten

Marco Polo-Brücke

über den Hunho.

Marco Polo erwähnt diese Brücke bereits im 13. Jahrhundert. Er erzählt, daß sie 300 Schritt lang sei und durch 25 Bogen gestützt werde.

Die Brücke in ihrer heutigen Gestalt ruht auf 10 Bogen und ist 350 Schritt lang und ist einer Marmortafel, die am Eingang steht, zufolge vom Kaiser Kang hi erbaut. Das Geländer der Brücke wird durch 280 kleine Löwen aus Marmor geziert, während die beiden Enden durch zwei marmorne Elefanten geschützt werden.

Über den Wert, den diese Brücke in früherer Zeit hatte, gibt ein Vers Aufschluß, den der Jesuit Intorcetta in einer Marmortafel eingeschrieben fand: „Wenn diese Brücke einstürzt, ist Peking ohne Reis und ohne Kohlen."

Ein eigentümlicher Zufall wollte es, daß Intorcetta diese Tafel nach dem 1668 erfolgten

Einsturz der Brücke unter ihren Trümmern fand. — Vom Hunho hat man sich nordwärts zu halten und gelangt so auf Richtwegen zum Dorf Ta hui ch'ang. Weiter geht es dann an den Stein- und Kalkbrüchen vorbei in stündigem Aufstieg zu dem etwa 300 m hoch gelegenen Chieh tai sze. Endlich aber kann man mit der Eisenbahn bis Tschang sin tien fahren und von hier auf Eselsrücken in $2\frac{1}{2}$ Stunden sein Ziel, ebenfalls über Ta hui tschwang reitend, erreichen.

Ein anderer, besuchenswerter Punkt im Südwesten von Peking ist die umfangreiche Grotte **Yün shui tung** = Wolken-Wasser-Grotte. Vom Paoting fu-Bahnhof fährt man über Tschang sin tien an der hohen Pagode von Liang hsjang hsien vorbei. Am 11. September 1900 hatten von diesem Hügel aus die Kanonen der deutschen Marine-Feld-Batterie gegen das ummauerte Liang hsiang hsien gewirkt und den schwachen Feind zum Abzug gezwungen. Bei dieser Station geht eine Zweigbahn nach Fang schan ab, und von hier soll man bequem die Kin-Gräber besuchen können.

Am nächsten Haltepunkt, bei Liu li ho, muß man den Zug verlassen und nun mit einer Kleinbahn gegen das Gebirge zu nach Hanki fahren. Hier gibt es Tragesel genug, Reitesel nimmt man besser schon in Liu li ho. Nach einer etwa vierstündigen Wanderung erreicht man den Tempel Ta pe, der unmittelbar am Fuß steil aufragender Berge (shan fun shan) an einem weißen, trockenen Flußbett liegt. Der freundliche Priester gibt gern Unterkunft. — Am nächsten Morgen steigt man durch enge Schluchten, die bald zunehmenden Baumwuchs zeigen, höher und höher hinauf. Überall sieht man an schönen Plätzen nette Tempel liegen, und wo sich die Schlucht mehr erweitert, da dehnt sich eine Priestergrabstätte, deren weiße Monumente sich prächtig gegen das dunkle Grün der Bäume abheben. Eine Strecke von mehr als 50 m Höhe ersteigt man mittels in den Fels eingehauener Stufen. Schwere eiserne Ketten zur Seite geben dem stöhnenden Steiger Halt. — So geht's in die Höhe und dann über einen kurzen Rücken hinab in einen Wald von Baumkronen. Steil steigt man hinunter, immer unter dichtem Laub- und Tannenwald. Endlich ist die Grotte erreicht. Zwei alte Priester sind die Hüter dieser einsamen Stätte. Einer von ihnen kriecht trotz seiner 70 Jahre mit einer Fackel munter durch die engen Gänge voran. Hat man zwei recht enge Kanäle, sich wie eine Schlange windend, durchkrochen, so kommt man in weite schöne Gewölbe, sieht mancherlei eigenartige Tropfsteinbildungen und hört dumpfe Glockentöne, wenn der Führer mit seinem Stab an die von oben hängenden Zapfen schlägt. —

Kaisergrab in Hsi ling.

Von der Grotte kehrt man dann auf einem kürzeren Wege heim; man nehme nicht den kürzesten, der sehr gefährlich ist.

Will man die
Hsi lings = westlichen Gräber
besuchen, so fährt man bis zur Station Kau pei tien und benutzt von da den Anschlußzug nach Liang gu tschwang. Die zweite Wagenklasse, erste

gibt es auf dieser unter englischer Verwaltung stehenden Zweigbahn nicht, wird durch einen überdachten Blechgüterwagen dargestellt. Es befindet sich neben Enten, Hühnern und Chinesen, die sich den Luxus der besten Klasse erlauben, auch der Zugvorsteher mit seinem Bureau in demselben Wagen. Von Liang gu tschwang, das in $1\frac{1}{2}$stündiger Bahnfahrt erreicht ist, nimmt man sich für das Gepäck einen der am Bahnhof haltenden Wagen, während man selbst den Weg von einer Stunde, der durch einige schmale Flüßchen führt, sehr gut zu Fuß machen kann. Es empfiehlt sich, für den Besuch der Gräber selbst einen Nachmittag und einen Vormittag zu verwenden und in diesem Fall die Gastfreundschaft des alten Mandschubeamten Mei Chün shu, Me da jen genannt, in Anspruch zu nehmen. Hat man weniger Zeit und will man Liang gu tschwang mit dem Frühzug wieder verlassen, so wohnt man praktischer dicht am Bahnhof bei dem Lamapriester Fong in seinem Tempel Jung fu sze. Der Me da jen, dem unter allen Umständen Besuch zu machen ist, besorgt außer den Schlüsseln zu dem Tai ling, das er selbst verwaltet, freundlichst auch diejenigen für die andern Gräber. Am Nachmittag, gegen $12\frac{1}{2}$ Uhr kann man die Hsi lings erreicht haben, besucht man die nahen Gräber Tai ling und Tschan ling. Man lasse sich unbedingt zunächst zu dem dreifachen schönen Marmorpailou am Südende führen,

Figur aus der Tierallee in den Hsi lings.

weil man dann die ganze Anlage von vorn besichtigt und so den vorteilhaftesten Eindruck von ihr bekommt. Das Tai ling, Grab des Kaisers Jung tschöng, ist entschieden das großartigste von allen Gräbern. Das Tschan ling, Grab des Kaisers Tja tsing unweit gelegen, gleicht fast völlig dem Tai ling.

Die Anordnung der Gräber ist ganz ähnlich derjenigen bei den Ming-Gräbern. Doch fehlt hier im Gegensatz zu diesen der Überblick; schöne, kräftige Kiefern bilden einen dichten Wald, aus denen nur hier und da die gelben oder grünen

Ziegel der Bauten verstohlen hervorschauen. Das Rot der Mauer, das Weiß der Marmorbrücken und Balustraden setzt sich in schönen Farbengegensatz zu dem satten Grün der Bäume.

An Stelle einer großen Tierallee finden sich hier zwei kleinere, die zu den Tschan- und Tai lings führen. Die großen Opferhallen vor den eigentlichen Gräbern zeigen eine prächtige Einrichtung. Im vordern Teil derselben stehen schöne Bronzen oder Cloisonnés und hinter dem reichen, gelben, schön gestickten Vorhang, der den ganzen Raum durchmißt, finden sich kleinere Räume, als Schlaf- und Schreibzimmer wohl ausgestattet.

Etwa 7 km hat man am nächsten Vormittag zu gehen, wenn man auch das Grab des Kaisers Tau kwang, das Mu ling, besichtigen will. Das Mu ling ist eigenartig gebaut, an Stelle bemalten oder lackierten Holzes ist hier reichgeschnitztes Südholz verwandt. — Erklettert man einen der vielen Hügel, so sieht man die steil abfallenden, schroffen Felswände der die Rückwand der Anlage bildenden Berge. Einen guten Überblick über die ganzen Gräber erhält man durch ein Wandgemälde, das die eine Mauer in der Gaststube des Me da jen ziert.

Will man von den Hsi lings die große Mauer bei
Tse king kuan
besuchen, so muß man sich einen Pony mitnehmen. Der Ritt ist recht anstrengend, da die

Entfernung etwa 60 km (hin und zurück) beträgt. Bei der Erstürmung dieses hohen Passtores, zu dessen Verteidigung die Chinesen auch Geschütze in Tätigkeit brachten, gewann sich Major von Förster am 29. Oktober 1900 im harten Kampf den Orden pour le mérite.

Als sehr lohnend bezeichnet Brettschneider eine Reise zum

Po hua shan, „hundert Blumen-Berg".

Gleich, welchen der 3 Wege man wählt, immer empfiehlt es sich, Maultiere oder Esel zu mieten, wenn man diesen schönen Berg ersteigen will. Der 7500 Fuß hohe, zweigipflige Po hua shan liegt etwa 70 km in der Luftlinie westlich Peking. Trotzdem muß man für eine Reise dorthin und zurück 8 Tage rechnen.

Brettschneider macht am ersten Tag, nach Norden ausholend, in Yanfang Quartier, marschiert am zweiten Tag über Kao ni k'ou, Fo tze ling, vorbei an dem auf steilem Fels am Hunho liegenden Kloster Hia ma ling, überschreitet den Hunho hier mittels einer Fähre und nächtigt in Sang yü. Nach einem Rasttag in diesem Dorf, das eine Kirche und eine große katholische Gemeinde aufzuweisen hat, geht er das Tal des Ts' ing shui weiter hinauf, kommt so an den Westhang des Po hua shan und erreicht von hier aus das kleine Dorf Ta tsio shan am Fuße des Berges. Der nächste Tag sieht ihn den Po hua shan selbst besteigen. Alle Höhen und Hänge sind reich bewaldet oder mit dichtem Gebüsch (Flieder) bestanden. Der Berg bildet hoch oben ein Plateau von 700 Schritt Länge und 200 Schritt Breite. — Nachdem Brettschneider dann 3 Tage auf dem Gipfel des Berges in einem Kloster zugebracht und von hier eine prächtige weite Aussicht genossen, gelangt er am nächsten Tag, dem Liu li ho folgend, nach dem romantisch gelegenen Ch'ang ts'ao. Am andern Tag rastet er nach schönem Marsch in Ch'ang lo sze und von hier kehrt er den folgenden Morgen über die Lu kou kiao-Brücke nach Peking zurück.

Ein andrer, nicht minder reizvoller Weg ist folgender: Am ersten Tag geht man, von San kia tien aus dem Hunho folgend, bis Wang ping tsun; am nächsten Tag, der Weg führt oft durch in den Fels gehauene Galerien, macht man in Tsing pei kou, an der Einmündung des Tsing shui in den Hunho gelegen, Quartier. Am 3. Tag kann man Taho oder auch Huang an erreichen und von hier am 4. Tag den Po hua shan besteigen. Nach eintägiger Rast oben auf dem Gipfel geht man am 6. Tag im Liu li ho-Tal wieder bis Chang ts'ao, von da am 7. bis Ho tung und am 8. nach Tschang sin tien, um von hier die Bahn nach Peking zu benutzen.

Will man von Po hua shan einen kurzen Abstecher über die große Mauer nach dem

Trappistenkloster Yan kia ping machen, so biegt man bei dem Dorf Tsing shui ab und geht in westlicher Richtung bis Tu kia tschwang. (3. Tag.) Am 4. Tag passiert man die große Mauer durch das Siao lung mönn und erreicht noch am selben Tag das genannte Kloster auf dem Siao wu t'ai shan. Hier wird bereitwillig Unterkunft gewährt. Auf dem Rückwege erreicht man Taho in einem Tagemarsche, von wo dann am nächsten Tag der Aufstieg auf den Po hua shan unternommen wird. Auch kann man den Hunho schon bei Mayü überschreiten und dann in westlicher Richtung quer durchs Gebirge über Men t'ou kou, Wan ping-k'ou marschieren. Erst einige km östlich von San yü stößt man dann auf den Lauf des Ts'ing shui.

Um den Hundert-Blumen-Berg in Blüte sehen zu können, muß man die Reise gegen das Ende des Juni unternehmen. —

Will man die
Ming-Gräber und den Nankou-Paß
besuchen, so geht man meist am ersten Tag durch das An ting mönn nordwärts über Li shui kiao und Yang fang (am Scha ho) nach Tan shan. — Zu Kaiser Kang hi's Zeiten erhoben sich hier inmitten schöner Parks stolze Paläste und in weißglänzenpen Marmorbassins konnte man die heilkräftige warme Quelle ausnutzen. Heute ist alles im Verfall begriffen, nur eines der Marmorbassins ist noch zu gebrauchen. Von Tang shan reitet man

Eingang Pei lou zu den Minggräbern.

Figur aus der Tierallee in den Minggräbern.

in nordwestlicher Richtung nach Tchang ping tschou, wo man sein Gepäck, das den direkten Weg Töschöng mönn, T'sing ho, Scha ho gegangen ist, erreicht. — Am nächsten Tag verläßt man Tchangping tschou nordwärts. Bald kommt man an ein schönes hohes Marmortor, das 1541 errichtet wurde. Es bildet den Zugang zu den shi san lings (die 13 Begräbnisplätze). 800 m weiter und man ist am roten Tor, Ta hung mönn; eine Inschrift bittet an dieser Stelle vom Pferd zu steigen. Es folgt

Figur aus der Tierallee in den Minggräbern.

ein schöner Marmorpavillon. Auf einem von einer Schildkröte getragenen Stein steht ein von Chienlung verfaßtes Gedicht eingeschrieben. Der Stein selbst wurde jedoch schon vom Sohne Yung los aufgerichtet. — Auf jeder Seite der Steinstraße stehen riesengroße Marmorstatuen, Tiere und Menschen, aus je einem Block gearbeitet. Zwei liegenden Löwen folgen 2 stehende, dann kommen 2 liegende und 2 stehende Widder, 2 liegende, 2 stehende Kamele, 4 Elefanten, 4 Tiere aus der Fabelwelt, 4 Pferde, 4 Militär-, 4 Civilmandarine und 4 berühmte Männer. Alle Statuen sind in der Ming-Tracht dargestellt, das Jahr 1436 gilt als dasjenige, in dem sie errichtet wurden. Ein weites, ödes, ringsum von kahlen Bergen eingefaßtes Tal liegt vor einem, und angeschmiegt an die Hänge der Berge sieht man die berühmten Grabstätten der Ming-Dynaste aus dem dunklen Grün der in den Höfen stehenden Tannen hervorleuchten. Das herbstlich rote Laub der Parsimonen und deren gelbrote Früchte schaffen einen prächtigen Farbengegensatz dazu.

Die größte der Grabstätten ist die des oft erwähnten Kaisers Yung lo. Vor dem eigentlichen Grab erhebt sich eine große, von 60 Holzsäulen getragene Opferhalle. Jede der Säulen mißt 12 Fuß im Umfang und ist 42 Fuß hoch. — Hinter dieser, jetzt kahlen Halle, befindet sich das Grab des Kaisers mit einem schönen Grabstein. Man hat in den angrenzenden Berg einen Gang gegraben, den Sarg beigesetzt und den Zugang dann wieder mit Erde ausgefüllt.

Alle Grabstätten gleichen einander, so daß es sich kaum lohnt, mehr als eine zu besuchen. — 13 Mingkaiser ruhen in diesem stimmungsvollen Tal, der 14. — King ti hatte sich widerrechtlich in den Besitz des Thrones gebracht und man setzte ihn aus diesem Grunde in der Nähe von Yi kuan sze, etwa 2 km nordwestlich vom Wanshou shan, bei.

Opferhalle in Yung lo's Grab.

In fast westlicher Richtung erreicht man dann Nankou. Am 3. Tag geht's den belebten Nankou-Paß entlang, durch das eigenartige Tor in Kü yung kuan hindurch bis Pa ta ling. Hier ersteigt man die große Mauer, die man nach Nordost wie nach Südwest in dünner Linie weithin die Bergrücken entlang klettern sieht. Ein schöner eindrucksvoller Rundblick. — Genaue und sichere Angaben darüber, aus welcher Zeit das gewaltige jetzt nutzlose Werk stammt, gibt es nicht, jedenfalls ist die Mauer in verschiedenen Perioden erbaut.

Den Anfang soll Shih hwang ti (200 v. Chr.) gemacht haben. Der innere Wall, den man bei Nankou sieht, wurde unter dem Kaiser Wu ting 542 nach Chr. erbaut, doch erst die Ming-Kaiser haben die Lehmwälle mit Mauern umkleidet. —

Am selben Tag geht's den gleichen Weg, der die einzige Verbindung zwischen dem großen Handelsplatz Kalgan und der reichen Provinz Chili darstellt, zurück nach Nankou. Herden von Pferden, Ziegen und Schafen, aus der Mongolei der Ebene zustrebend, überholt man in großer Zahl. Die Tags ruhenden Kamele füllen die Höfe der Wirtschaften, hoch bepackte Maultiere folgen sich unaufhörlich.

Man kaufe nicht zum tausendsten Mal das Bild der Minggräber aus dem Nankou-Hotel. In Tshang ping shou wohnt der bildende Künstler, der das „einzige" Bild immer wieder ersetzt.

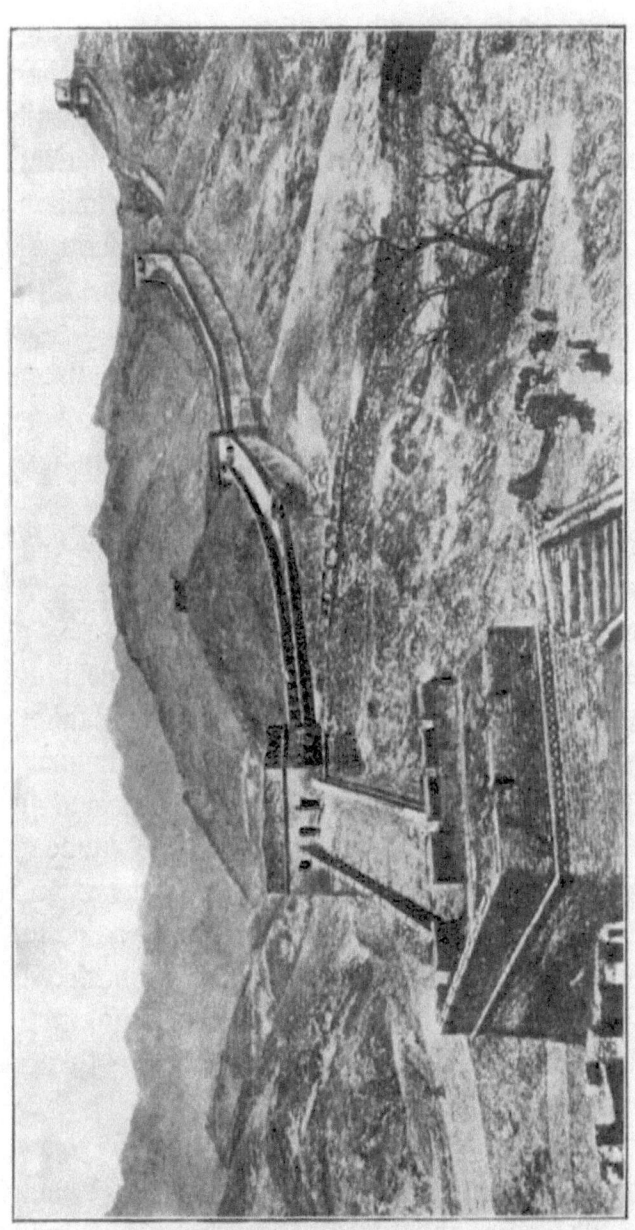

Große Mauer bei Nankou.

Am 4. Tag geht's über Yangfang, Ma feng an Wan shou han vorbei nach Peking. Mit frischen Pferden kann man, mehr südwestlich ausholend, Ta kio sze und Hei lung t'an besuchen und dann über das Defilé Kin shan k'ou nach Peking reiten. Hat man mehr Zeit zur Verfügung, so besteigt man von Yangfang aus den Miao feng shan. (S. Seite 30.)

Seit Eröffnung der Bahn Fengtai-Nankou empfiehlt es sich am ersten Tag entweder mit dem Frühzug von Peking nach Fengtai zu fahren und dort den Nankou-Zug zu besteigen oder aber mit Wagen oder Rickshah ($1\frac{1}{4}$ Stunde) zum Hsi chi mönn zu fahren und hier in den von Fengtai kommenden Zug einzusteigen.

Kurz nach 12 ist man auf dem Bahnhof Nankou, der 20 Minuten von der Stadt Nankou entfernt liegt. Am gleichen Tage noch kann man die Minggräber oder den Nankou-Paß besuchen. — Jeder der beiden Ausflüge nimmt etwa 6 Stunden in Anspruch. Bricht man am andern Morgen früh nach dem Paß oder den Gräbern auf, so kann man mit dem Mittagszug schon wieder nach Peking zurückkehren. Auf diese Art benötigt man nur $1\frac{1}{2}$ Tag für den Besuch des Nankou-Passes und den der Minggräber.

Je hol—Lwan ho. Tung lings.

Man verläßt Peking durch das Tung tschi mönn, geht über Sung ho nach Niu lang shan und übernachtet hier. Um für den dritten Tag, an dem die große Mauer erreicht wird, Zeit zu gewinnen, geht man am zweiten über das große Mi yün hinaus, etwa bis Tschan tschu tschwang. Schon jetzt bieten die Berge und die stillen Täler viel Reiz.

Ku pei kou ist der Rastort für die dritte Nacht. Besteigt man noch am Nachmittag die nahe Mauer, so hat man einen herrlichen Rundblick von dort. Im Norden zeigen sich hohe Bergzüge. Zackige Berge, die von der Mauer, bald hier verschwindend und dort wieder auftauchend, gekrönt werden, umschließen das schöne Becken, in dessen Mitte Ku pei kou liegt. Zwischen den beiden getrennt liegenden Hälften der Stadt hindurch schlängelt sich der Tschau ho. — Ku pei kou war und ist eine wichtige Sperre.

Durch engere Täler geht es weiter über zwei steile Pässe nach Shan shan yü, wo sich dicht hinter dem Gasthof ein verfallener kaiserlicher Reisepalast mit einem schönen alten Park befindet. Am 5. Tag wird der Lwan ho bei Lwan ping durchritten und das langgestreckte **Je hol** erreicht.[*]

Bald nachdem man die Ebene verlassen hat und ins Gebirge eingetreten ist, sieht man in großer Zahl mit Kropf behaftete Leute. — —

---

[*] Die Gepäckkarren dürfen nicht zu sehr überladen werden, da die Steigungen am 4. Tag beträchtlich sind. Es stellen sich am letzten Dorf vor dem ersten Paß kräftige Träger zur Verfügung.

Je hol liegt an dem von Nordost nach Südwest fließenden Joho. Nördlich und nordwestlich der Stadt liegen die Bauten der Kaiserlichen Sommerresidenz, die einen Teil der Vorberge von den hohen Ketten im Norden mit umschließen. Einen guten Überblick über die ganzen Anlagen hat man von dem linken Ufer des Joho, vom Lohan-Berg aus.

Macht man dem ersten Mandarin einen Besuch, so gibt er zwei Vorreiter mit und man kann alle Tempel besehen. Die Sommerresidenz jedoch bleibt dem Reisenden verschlossen, es sei denn, daß er vom Wei wu pu (Auswärtigen Amt) besondere Pässe mitbringt.

Von S.-O. beginnend, kommt man auf dem linken Joho-Ufer zunächst zum „Tempel der allgemeinen Menschenliebe", P'u jen ssi. Mongolische Fürsten errichteten ihn 1713 zu Ehren des 60. Geburtstages des Kaisers Kang hi. Daneben liegt der kleinere „Tempel der allgemeinen Güte", P'u shan ssi. Alter und Entstehungsgeschichte sind die gleichen wie bei P'u jen ssi. — —

Der dem Himmelstempel in Peking gleichende P'u lo ssi, „Tempel der alldurchdringenden Freude" ist 1767 von Chien lung errichtet.

Eine Gründungs-Inschrift, die der Kaiser selbst verfaßt hat, weist auf die vor kurzem erfolgte Unterwerfung der Dsungaren hin und sagt, daß, da das große Volk der Mongolen dem Lamaismus, der „gelben Lehre" huldige und jährlich viele mongolische Fürsten nach Je hol kämen, Tempel daselbst für sie errichtet seien, in denen sie ihrer Religion und Sitte entsprechend leben könnten.

Etwas weiter nördlich liegt der „Tempel zur Beruhigung der Fernwohnenden", Ngan yuan miao, 1764 ist er für hier angesiedelte Dsungaren gebaut und einem von ihnen verehrten, am Jli-Fluß gelegenen Tempel Ku'rh cha, der im Laufe des Krieges zerstört wurde, nachgebildet.

Auf dem rechten Ufer des Joho folgt auf den östlichen „Tempel des weiten Friedens", Kuang ngan ssi, der „Tempel der alldurchdringenden Hilfsbereitschaft", P'u yen ssi. Von hier kommt man zum „Tempel des alldurchdringenden Friedens", P'u ming ssi, der auch „Tempel des großen Buddha", Ta fo ssi, genannt wird. Neben einem sehr großen Buddha stehen etwas kleinere Holzfiguren; die Wände dieses Raumes weisen unzählige Nischen auf, in denen an 10 000 kleine Götzen stehen. Dieser sehenswerte Tempel wurde 1755 von Chien lung errichtet.

Nun folgen die eigenartigsten Bauwerke von Jehol; zunächst der „Tempel des berggegleichen Glücks und hohen Alters", Hsü mi fu shou miao. Die Priester nennen ihn Hsin kung, Neuer Palast.

Weiter westlich die Potala oder P'u t'o tsung sheng miao, „Tempel der Lehre von Puto". Die Bauten sind im tibetanischen Stil gehalten, sie haben ebenso wie auch die zahlreichen Fenster eine würfelförmige, nach oben etwas spitzer zulaufende Form; ein gewaltiges derartiges Stockwerk setzt sich auf ein anderes, andersfarbiges, und über den wuchtigen Bau hinaus ragen die zierlichen Dächer von Tempelbauten, die sich im Innern befinden.

Das Dach des Hsin kung ist mit schweren goldbronzenen Ziegeln belegt, acht große bronzene Drachen schmücken den achtteiligen First.

Als Vorbild für die 1767 erbaute Potala hat die berühmte Potala, die Residenz des Dalai Lama bei Lhassa gedient; sie birgt viele wertvolle Bronzen. Zurzeit ist man damit beschäftigt, die arg beschädigten Bauten wieder in Stand zu setzen. —

Weiter westlich folgen die Tempel Shu hsiang „Tempel der Statue des Manjueri", Chieh tai „Terrasse der buddhistischen Gebote" und Lo han t'ang „Halle der Lohan". —

Der Bau der Sommer-Residenz Pi shu shan chuang, „Kühlung spendendes Bergschloß", wurde von Kang hi begonnen und von Chien lung vollendet. Im Jahre 1793 wurde hier eine englische Gesandtschaft vom Kaiser Chien lung empfangen. Der Führer derselben, Lord Macartney, schildert den Park wie auch die Kostbarkeiten, die er in den einzelnen Hallen sah, in den glühendsten Farben.

Von Jehol zogen die Kaiser das Joho-Tal aufwärts in die Jagdgründe des Wei chang, doch schon seit langem sind weder die zahlreichen nördlichen noch die gleich Shan shan yü verfallenden südlichen Reisestationen Liang chien fang und Wang chia ying von dem Kaiser besucht*).

Hat der Joho viel Wasser, so kann man unweit Jehol den Kahn besteigen, meist aber muß man 20' Li weiter südlich an den Lwan ho wandern. Hier liegen die primitiv gebauten flachen Kähne in großer Zahl bereit. Um den Preis von 5 $ pro Tag und Kahn zu vereinbaren, läßt man sich am besten vorher die Schiffer in den Gasthof kommen.

Auch bei schlechtem Wasserstand nehmen die Kähne trotz gegenteiliger Versicherungen der Schiffer, wie ich aus eigener Erfahrung weiß, bequem einen Pony, einen Esel, drei Personen außer den Bootsleuten und noch eine ganze Portion Koffer auf. Will man die Fahrt recht genießen, so schlägt man sich in der Mitte des Bootes, dicht hinter den Tieren, sein Bett auf und läßt oben darüber ein leicht verschiebbares Sonnendach bauen.

Allmählich werden die Berge höher und höher, sie treten an den äußeren Bogenseiten steil abfallend nahe an den Fluß heran. Hier und da strandet der Kahn auf einer Sandbank. Die Schiffer, die nichts oder wenig anhaben, springen ins Wasser,

---

*) Im Jahre 1860 floh Kaiser Hien feng vor den Engländern und Franzosen nach Jehol.

Blick den Lwan ho hinunter.

schieben das Fahrzeug drehend ab und weiter geht's. Wo gerade ein Paar Hütten stehen oder wo es dem Reisenden gefällt, wird Nachtrast gemacht. Die Tiere bleiben im Boot, man genießt selbst praktischerweise auch die kühle Nacht an „Bord des Schiffes". — —

In aller Frühe geht die Fahrt weiter. Immer zerrissener werden die Formationen, die Stromschnellen, welche mit bewundernswerter Sicherheit überwunden werden, mehren sich, hier und da sieht man die Wasserkraft durch in den Fluß gebaute Mühlen nutzbar gemacht, lange Reihen leerer Kähne werden in mühsamer Arbeit von nackten

Felsgebilde am Lwan ho.

Gestalten stromaufwärts gezogen; oft scheint man in einem stillen Bergsee zu fahren, dann wieder geht's in sausender Fahrt zwischen engen Felsen hindurch; so bietet sich dem Auge dauernd Neues und Reizvolles.

Nachdem man die große Mauer, die hier sehr verfallen ist, meist stehen nur noch die Wachttürme, bei einer kleinen Flußsperre passiert, werden die Berge bald wieder flacher und weniger reizvoll. 30 Li südlich der Mauer liegt Sa ko tien, der Platz, an dem man dem Kahn wieder Lebewohl sagen muß. Die Reize dieser zweitägigen Bootsfahrt sind ungemein groß; für den Jäger bietet sie viel, auf Reiher, Enten, Wasserhühner und Falken kommt er oft zu Schuß. Die Verpflegung macht keine Schwierigkeiten, da die Schiffer kleine eiserne Herde haben, auf denen sie unentwegt ihre gelbe Hirse bereiten. —

Die Fahrtgeschwindigkeit ist naturgemäß von der Höhe des Wasserstandes abhängig. Ich habe Reisende gesprochen, die in nur zwei Tagen bis Lwan tschou gefahren sind. Von diesem Ort kann man mit der Bahn Schan hai kwan, das nahe Pei tai ho oder auch über Tangku noch am selben Tage Peking erreichen.

Von Sa ko tien aus, wo man Karren oder Maultiere ermietet, reist man bequem in zwei Tagen über Tsun hwa tschou nach dem Taoistenkloster Mau shan. 10 Minuten von diesem sauber gehaltenen Tempel liegt Tang shan, wohl die heißeste Quelle in Nord-China. Um das Bad erträglich zu machen, bedarf es manchen Eimer kalten Wassers.

Will man den **Tung lings***) näher sein, so übernachtet man in dem nicht sehr viel weiteren Ma lan jü. Das nächste Grab ist 2 km, das weiteste 5 km von dieser Stadt entfernt. Es empfiehlt sich, den Besuch der Gräber bei dem Prinzen, dem die Gräber anvertraut sind, zu erbitten. Doch kann man gleich den Chinesen durch die breiten Wasserdurchlässe ungehindert das weite Gräberfeld betreten. Die Hauptgebäude werden im Gegensatz zu den Hsi lings innen nicht gezeigt. Es liegen hier die Kaiser Schun tschy, Kang hi, Chien lung, Hsien feng und Tung tschy. Auch die erste Gemahlin des Kaisers Hsien feng hat hier ein großes, mit gelben Ziegeln gedecktes Grab, und dasjenige für seine zweite Gemahlin, die jetzige Kaiserinmutter, ist nahezu fertig gestellt.

Die Tung lings, die sonst ganz ebenso wie die Hsi lings gebaut sind, liegen weit schöner als diese, dicht unter bewaldeten Bergen. Von dem westlichen Ufer des Flusses, beim Grabe Ding ling, hat man einen schönen Überblick über alle Gräber, die inmitten von dunklen Tannen liegen.

Durch das Nan hung mönn verläßt man die Tung lings und reitet an dem Tien tai shan, auf dessen Höhe ein Kloster liegt, vorbei, erklettert den Pass Hsi fong kou und passiert dann zur Rechten einen kaiserlichen Reisepalast und später

---
*) Ost-Gräber.

ein Prinzengrab. Auf diese Art kürzt man den Weg nach Ma schönn kiau, wo man übernachtet, beträchtlich ab. — Am nächsten Tag, nicht zu große Entfernungen zu Grunde gelegt, wird in Pang kün dien, am anderen in Hsia tien übernachtet. Früh von hier aufbrechend, erreicht man bald die Eisenbahnstation Tung tschou und kann dann gegen 10 Uhr mit der Bahn in Peking eintreffen. —

Will man die letzten 20 km noch reiten, so besucht man die Brücke von Pa li kiau westlich Tungtschou. Hier schlug der französische General Cousin Montauban 1860 das chinesische Heer. Dem General wurde daraufhin der Titel „Duc de Palikao" verliehen. —

Weiter westlich, unweit Ör tsa, liegt auf dem nördlichen Ufer des Ta tung ho ein hübsches Prinzessinnengrab. Von hier erreicht man in einer knappen Stunde Peking. —

Für die ganze Tour benötigt man etwa 14 bis 15 Tage.

VII.
Belagerung der Gesandtschaften (1900).

Das chinesische Volk, das mit der Fremdherrschaft der Mandschuren nie zufrieden gewesen war, hatte in den letzten Jahren deutlich die Ohnmacht der Regierung dem Ausland gegenüber kennen gelernt.

Der Krieg, den China um Koreas willen mit den Japanern geführt hatte, endete mit einer völligen Niederlage und Landverlust. (94—95.) Nicht lange danach besetzten die Russen das noch eben vor den Japanern gerettete Port Arthur, die Deutschen nahmen die Ermordung zweier Missionare in Schantung zum Anlaß der Besetzung von Tsingtau, und die Engländer setzten sich in Wei hai wai fest. Dazu kam, daß den Chinesen die Tätigkeit der Missionare ein Dorn im Auge war. Hatte es sich doch oft ereignet, daß chinesische Christen, den Schutz der Missionare und deren Regierungen mißbrauchend, ihren eigenen Landsleuten übel mitspielten.

Dies alles brachte eine feindliche Stimmung sowohl gegen die eigene Regierung, als auch vor allem gegen die „fremden Teufel" hervor. —

Leicht war es, den abergläubischen Chinesen die 3 jährige Dürre, die überall zu Mißernten führte, durch das Vorhandensein der Fremden und das Platzgreifen ihrer Irrlehre zu erklären.

So forderte denn Unzufriedenheit und Aberglaube die Vertreibung der Fremden.

Von je war die Spannung zwischen Chinesen und Christen am größten in Schantung gewesen. Hier lebte die früher schon oft unterdrückte „große Messer-Gesellschaft", die als gleichbedeutend mit den „Boxern" angesehen werden kann, bei solch gutem Nährboden erneut wieder auf.

Die Bewegung dehnte sich bald auf Südchili aus, und als nun die chinesische Regierung, vielleicht zu sehr um ihr eigenes Heil bedacht, anfing, in ihren Erlassen zwischen bösen und guten Boxerbanden zu unterscheiden, stellte sie sich damit eigentlich schon auf die Seite des Geheimbundes. —

Die Boxer verbreiteten jden Glauben, daß sie nach Vornahme von allerlei Zeremonien unverwundbar seien. Nach den ersten Kämpfen, die mit großen Verlusten für sie endeten, behaupteten sie dann, daß der Tod nur ein scheinbarer sei und diese Leute nach 3 Tagen dem Leben wiedergegeben würden. Allen Abteilungen gemeinsam war ein roter Brustlatz, ein roter oder rotgelber Gürtel und ein rotes Kopftuch. Im Ansturm an den Feind schwangen sie unter fürchterlichem Geheul ihre langen holzschäftigen Schwerte. —

Ende Mai 1900 hatten diese Banden Paoting fu erreicht und in der Nähe dieser Stadt ein Blutbad unter chinesischen Christen angerichtet. Da dies straflos blieb, nahmen die Ausschreitungen zu.

Es ist eigentümlich, wie verschieden dieses Treiben der Boxer bewertet wurde. Sir R. Hart[*]) beginnt sein Buch „These from the land of Sinim"

---

[*]) In Peking befindet sich der Sitz des General-Inspektors der Seezölle sowohl wie desjenigen der Kaiserlich chinesischen Post. Sir Robert Hart steht an der Spitze beider umfangreichen Verwaltungszweige; ein großer international

zwar mit den Worten: „Wir können nicht sagen, daß wir nicht gewarnt wurden" und weist auf die Haltung der Truppen Tung fu Hsiangs im Jahre 98 hin, welche damals die Entsendung von Schutzwachen nach Peking für kurze Zeit nötig machte, ruft den Krieg mit Japan, die Wegnahme von Port Arthur, Tsingtau und Wei hai wei, sowie die Zurückweisung der italienischen Wünsche in Bezug auf Cheki ang ins Gedächtnis zurück, sagt dann aber über die Boxerbewegung, daß China nie ohne solche Treibereien, die oft ihre Spitze gegen die Regierung richteten, gewesen sei, erkennt dieser neuen Bewegung zwar erhöhte Bedeutung zu, meint aber schließlich doch: „Aber wir glaubten, daß sie nicht vorm Herbst gefährlich werden könnte, der frühere Ausbruch war eine gänzliche Überraschung."

Der folgende Brief Faviers an den französischen Minister dürfte nicht weniger interessieren:

Er trägt das Datum: 19. Mai 1900.

„Von Tag zu Tag wird die Situation ernster und drohender. In der Präfektur Pao ting fu sind

---

zusammengesetzter Stab, der über alle wichtigen und emporblühenden Handelsplätze Chinas verteilt ist, unterstützt ihn in seiner für China so wertvollen Tätigkeit.

Seit 1863 ist er General-Inspektor der Seezölle und als 1896 die Kaiserlich chinesische Post auf sein Betreiben eingerichtet wurde, da trat er auch an die Spitze dieses Unternehmens. Seit Kurzem vertritt ihn sein Schwager Sir R. Bredon.

mehr als 70 Christen massakriert, 3 andere Neubekehrte sind in Stücke geschnitten, mehrere Dörfer sind geplündert und den Flammen übergeben, eine große Anzahl ist völlig verlassen. Mehr als 2000 Christen sind auf der Flucht, ohne Brot, ohne Bekleidung, ohne Schutz, etc. etc.

Peking ist von allen Seiten cerniert, die Boxer nähern sich täglich und werden nur noch durch das Vernichtungswerk, das sie gegen die Christen ausüben, aufgehalten. Ich bitte Sie Herr Minister, glauben Sie mir, ich bin wohlinformiert und ich nehme nichts leicht. Die religiöse Verfolgung ist nichts als ein Vorwand, der Hauptzweck ist die Ausrottung der Europäer, ein Ziel, welches klar bezeichnet und auf die Fahnen der Boxer geschrieben ist, etc. etc.

Diejenigen, welche vor 30 Jahren das Massacre in Tientsin miterlebten, sind durch die Ähnlichkeit der Situation von damals mit der von heute erschreckt; dieselben Anschlagszettel, dieselben Drohungen, dieselben Ankündigungen und dieselbe Verblendung. Auch damals wie heute haben die Missionen geschrieben, gefleht, das schreckliche Erwachen vorhersehend. —

Unter diesen Umständen glaube ich, daß es meine Pflicht ist zu bitten, uns wenigstens für den Peitang 40 oder 50 Soldaten zum Schutz unserer selbst und unseres Gutes zu schicken, etc. etc."

Die Minister kamen zur Besprechung dieses Briefes zusammen und meinten, die Lage sei nicht so, daß man Gesandtschaftswachen nach Peking beordern müsse, sie drohten der chinesischen Regierung nicht einmal mit besonderen Maßnahmen, die sie ergreifen würden, wenn von seiten der chinesischen Regierung nichts zur Erfüllung ihrer Forderungen geschähe. —

Am 28. Mai wurde die Bahn Paotingfu-Peking teilweise und am 29. die Station Fengtai, südwestlich Peking, zerstört. Doch noch wahrte die chinesische Regierung ihr Gesicht; chinesische Truppen erschienen bei Fengtai und unter ihrem Schutz konnte die Bahn wieder hergestellt werden.

Die Gesandtschaften hatten inzwischen den Ernst der Situation erkannt und um Schutzwachen gebeten. Diese trafen Ende Mai und als letzte die deutsche in Stärke von 50 Seesoldaten unter dem Grafen Soden am 3. Juni in Peking ein.

Nun folgt Ereignis auf Ereignis. —

Am 5. Juni wird die Station Huangtsun zerstört und die Bahnverbindung mit Tientsin endgültig unterbrochen.

General Nieh, der die Boxer mit Erfolg angegriffen hatte, wird von der chinesischen Regierung, weil er zu „eifrig" gewesen, bestraft. In das Tsungli-Yamen, jetzt Wei wu pu genannt, beruft die Kaiserin-Witwe den Prinzen Tuan und andere fremdenfeindliche Männer. Am 6. schon kommen vereinzelt Boxer nach Peking hinein, am 9. wird das Haus auf dem Rennplatz niedergebrannt, am 11. ermorden die Aufrührer den japanischen Legationssekretär in der Nähe der Eisenbahnstation Ma kia pu.

Schon am 8. Juni hatten die Gesandten die Lage für so bedenklich gehalten, daß sie um ein Entsatzkorps baten. Dieses, aus amerikanischen, englischen, deutschen, russischen und österreichischen Matrosen bestehend, trat dann auch am 10. Juni in der Stärke von 2100 Mann unter dem englischen Admiral Seymour per Bahn den Vormarsch auf Peking an. Hier wurde die Lage noch unangenehmer, als am 13. die Boxer in größerer Menge durchs Ha ta mönn hereinbrachen und alle Missionen in dieser Gegend niederbrannten.

Zugleich versuchte ein Teil von ihnen in die Gesandtschaftsstraße einzudringen, Franzosen aber und Italiener warfen sie mit blutigen Köpfen zurück. Nachdem die Boxer noch am 13. die Kirche Tung tang eingeäschert hatten, brannten sie am 15. Nantang nieder und ermordeten die hier befindlichen chinesischen Christen auf entsetzliche Weise. Amerikanischen, englischen und deutschen Soldaten gelang es jedoch, einige 100 Christen den Händen der Boxer zu entreißen. Der nächste Tag sah die Chinesenstadt nahe dem Tsien mönn in Flammen. Um 3 Uhr nachmittags

fing auch der südliche Aufbau des Tores selbst
Feuer und brannte trotz Gongschlagens, wütender
Hornstöße und sonstiger Bemühungen der chinesischen Feuerwehr völlig nieder. Am 17. gingen
Gerüchte um, daß Seymour mit seiner Entsatztruppe wieder den Rückzug angetreten habe, dann
wieder hieß es, es seien russische Truppen bei
Tung tschou gesehen worden. So wuchs die Unruhe und die Unsicherheit mehr und mehr. Da
kam am 19. 6. 4 Uhr nachmittags ein Ultimatum
von den Chinesen, welches besagte: „Die vereinigten Admirale der auf Taku-Rhede liegenden
Schiffe haben verlangt, daß die Taku-Forts bis zu
einer bestimmten Stunde von den chinesischen
Truppen geräumt werden. Diese Forderung beweist, daß der Krieg nunmehr erklärt ist. Infolgedessen befehlen wir, daß Peking von sämtlichen
Fremden innerhalb von 24 Stunden zu verlassen ist."

Nach Sir R. Hart antworteten die Gesandten
darauf: „Sie wüßten nichts von den Vorgängen
bei Taku"; sie erklärten zugleich, daß sie jedes
etwaige Mißverständnis bedauerten und daß sie
Peking unmöglich verlassen könnten, da ihnen zu
wenig Zeit gegeben sei, um die nötigsten Vorbereitungen für den Abmarsch zu treffen. Sir
R. Hart schreibt weiterhin: „Ein vorgeschlagener
Besuch des Yamens wurde aufgegeben, aber am
Morgen des 20. ging der Baron von Ketteler,
begleitet von seinem Dolmetscher Cordes, dennoch

allein zum Yamen. Seine Kollegen rieten ihm ab, aber er fühlte, daß er gehen müsse, da er seinen Besuch angekündigt habe."

Wie klar dem deutschen Minister die Gefahr, welche er lief, vor Augen stand, geht daraus hervor, daß er die militärische Begleitung von 1 Unteroffizier und 4 Mann mit den Worten zurückschickte: „Im Fall eines Angriffs sei auch diese Wache wahrscheinlich verloren und dem wolle er sie nicht aussetzen, da sie dann bei der Verteidigung der Gesandtschaften viel nötiger sein würden." Nicht lange danach wurde er in seiner Sänfte durch einen Mandschu-Unteroffizier hinterrücks erschossen. Seinem Dolmetscher, obwohl er schwer verwundet, gelang es zu entkommen.

Der beklagenswerte Tod des deutschen Gesandten ließ den Ernst der Lage erst recht klar erkennen, Ketteler starb für Alle und sein Tod zeigte den anderen Ministern klar, wie falsch der Gedanke, die Räumung Pekings überhaupt in Frage zu ziehen, gewesen war. — Nur der deutsche Minister hatte von vornherein diese Idee verworfen. — In einzelnen Gesandtschaften hatte man schon die Karren voll beladen und für den Abmarsch bereit gestellt; davon war nun nicht mehr die Rede.

Sämtliche Frauen und Kinder und auch alle unterkunftslos gewordenen Personen wurden in der englischen Gesandtschaft, die chinesischen Christen zunächst im Su wang fu untergebracht.

Sofort bildete sich ein Ausschuß, der alles, Wohnungsfrage, Ernährung, Gesundheitsdienst, Befestigung, Arbeitsdienst, Sorge für die Tiere etc. in vorzüglicher Weise regelte. Ordnung und Übersicht war eine der wichtigsten Sachen, galt es doch für etwa 1000 Europäer und 3000 Chinesen zu sorgen. Für die Verpflegung traf es sich günstig, daß innerhalb des verteidigten Gebiets zwei Läden deutscher Kaufleute, Imbeck und Kierulff, sowie ein Hotel lagen. Zudem hatte man in den letzten Tagen noch viel Reis und Weizen in das Gesandtschaftsviertel hineinschaffen können. Schlechter stand es ums Fleisch. Es waren nur 70 Hammel und 4 Milchkühe vorhanden und so mußte von Anfang an Pferde- und Maultierfleisch gegessen werden.

Das Bedenklichste war der Mangel an Munition. Dr. Morrison gibt an, daß z. B. die Japaner nur 100, die Italiener 120, die Russen 145 Patronen pro Mann hatten. Die Deutschen besaßen pro Kopf 170 Patronen; von diesen hatten sie am Ende der Belagerung noch etwa je 30, ein Beweis für die gute Feuerdisziplin und für das überlegte Handeln der einzelnen Soldaten.

Die Verteidigung hatte man sich so gedacht, daß die einzelnen Gesandtschaften durch die ihnen gehörigen Schutzwachen besetzt werden sollten, trotzdem aber sollte eine gemeinsame Verteidigungslinie gebildet werden. Die Japaner waren zu dem

Zweck nach Nordost in das Su wang fu vorgeschoben. Als am 20. Juni abends die Österreicher ohne ersichtlichen Grund ihre Gesandtschaft räumten und so auch die Seezollverwaltung zu einem unvermuteten plötzlichen Rückzug nötigten, da stellten sie sich den Franzosen zur Verfügung. Am 22. wurden die Italiener gezwungen, ihre Gesandtschaft aufzugeben; sie unterstützten seitdem die Japaner in der Verteidigung des Su wang fu. Nur 19 Offiziere und 388 Mann, zu denen noch etwa 100 Volontäre kamen, standen zur Verteidigung des weiten Gebiets zur Verfügung.

Mit der Uhr in der Hand erwarteten die von der Außenwelt völlig Abgeschlossenen das Ablaufen der ihnen zum Abzug gegebenen Frist. Noch drei Minuten, noch zwei, noch eine, nun ist es 4 Uhr, und mit einem Schlag geht von allen Seiten das Feuer los.

Da die Boxer bis dahin nur mit Lanzen und Schwertern vorgegangen waren, so blieb kein Zweifel, daß nun auch reguläre chinesische Truppen in den Kampf eingegriffen hatten. Während zunächst Bannertruppen von Süd und Südost angriffen, wurden diese später durch Jung lus und endlich durch Li Ping hengs Kiangsu Truppen ersetzt. An allen übrigen Stellen kämpften die Soldaten Tung fu hsiangs unter General Ma.

Schon am 22. trat ein kritischer Moment ein, indem ein Amerikaner die Meldung brachte, daß

sie sich nicht mehr zu halten vermöchten. Für
diesen Fall war vorgesehen, daß alle anderen Gesandtschaften verlassen und nur noch die englische
besetzt gehalten werden sollte.

Der rangälteste Offizier auf der Ostseite, Kapi-
tän Thomas, gab daraufhin den Befehl zur Räumung der deutschen, italienischen, französischen
und japanischen Gesandtschaften. Als die Amerikaner dieses sahen, gaben auch sie und später
dann auch die Russen ihre Stellungen auf. Alles
fand sich bei der britischen Gesandtschaft zusammen. Hier erst stellte es sich heraus, daß ein
Irrtum Veranlassung zu der übereilten Räumung
gewesen war.

Graf Soden war einer der ersten, der die auf-
gegebenen Positionen wieder nahm und, sich damit nicht begnügend, die Chinesen bis zum Ha ta
mönn und dann im Verein mit den Amerikanern
bis dicht an das Tsien mönn zurückwarf. Am
nächsten Tage wurden die Amerikaner wieder vom
Wall verdrängt; mit deutscher Hilfe gelang es indessen nach kurzer Zeit die Position wieder zu
erobern. Nun legten die Amerikaner zusammen
mit den Russen eine starke Barrikade auf der
Mauer an.

Die Angriffe der Chinesen wurden mit wechseln-
der Heftigkeit fortgesetzt. Die deutsche Barrikade
auf der Mauer litt sehr unter dem lebhaften Ge-
schützfeuer der Belagerer. Da die Franzosen und

Italiener sich, weil sie anderweit benötigt wurden, nicht mehr an der Verteidigung dieser Barrikade beteiligen konnten und Graf Sodens Abteilung starke Verluste erlitten hatte, so standen nur schwache Kräfte zur Verteidigung zur Verfügung. Englische Soldaten wurden zu Hilfe erbeten und auch geschickt; diesen gemischten Wachen waren dann, um eine Verständigung zu ermöglichen, Freiwillige, v. Strauch, Wihlfahrt, v. Bismarck, beigegeben. Trotzdem, oder vielleicht gerade dadurch, daß ein Detachement verschiedener Nationen diesen wichtigen Posten bewachte, gelang es den Chinesen in der Nacht vom 1. Juli durch einen überraschenden Vorstoß, die Barrikade zu nehmen.

Von nun an beschränkte sich die deutsche Wache auf die Verteidigung der Gesandtschaft selbst nnd auf die des neuen Klubs.

Die Chinesen setzten die nächtlichen Angriffe dauernd fort.

Am 13. Juli wurden die Gesandtschaften besonders hart bedrängt, die französische durch Minen, die deutsche durch etwa 150 anstürmende Soldaten. Mit nur 10 Mann warf sich Graf Soden, nachdem er ein kurzes Schnellfeuer hatte abgeben lassen, der großen Übermacht entgegen und trieb sie durch einen Bajonettangriff mit „Hurra" wieder zurück.

Den heftigen Angriffen der Chinesen konnten die Eingeschlossenen nur mit schwachen Mitteln begegnen, mit der Munition mußte gespart werden, und über Kanonen verfügte man nicht. — Mit einem der letzten Züge war noch eine Anzahl russischer 7 cm-Geschosse nach Peking gelangt, die Kanone aber war in Tientsin geblieben. So versuchte man denn mit aller Mühe, diese Munition nutzbar zu machen. Ein amerikanischer Artillerist war gerade damit beschäftigt, aus einem eisernen Pumpenrohr eine Kanone herzustellen, als ein chinesischer Christ ein altes, im Jahre 1860 von den Verbündeten zurückgelassenes Geschütz anbrachte. Er hatte es in einem alten Eisenladen gefunden. Die Lafette wurde aus einem deutschen Wasserwagen hergestellt, die Italiener lieferten die Räder und die Russen die Geschosse. Das so hergerichtete Geschütz wurde von einem Amerikaner bedient; es erhielt zunächst den Namen „International", bald aber gab man ihm den Kosenamen „Betsy". Mit Spannung wartete man auf den ersten Schuß. Nachdem sich alles in Sicherheit gebracht, wurde die Kanone abgefeuert. Sie überschlug sich einige Male, das Geschoß aber erreichte die Kaiserstadt. Wenn auch die tatsächliche Wirkung dieses sonderbaren Geschützes gleich Null war, so hatte es doch einen moralischen Erfolg gegenüber den überraschten Chinesen.

Jetzt ließ das Feuer der Chinesen wieder nach, und am 15. kamen Briefe von „Prinz Ching und den anderen" unterzeichnet, durch welche die

Eingeschlossenen aufgefordert wurden, im Auswärtigen Amt Schutz zu suchen. Es wurde verlangt, daß immer je 10 Personen ohne jede Waffe dorthin gehen sollten!!

Dann wieder wurden die Minister aufgefordert, Peking zu verlassen. Andere Briefe, anscheinend nicht immer von derselben Stelle ausgehend und doch die gleiche Unterschrift tragend, folgten. —

Am 18. brachte ein Chinese die Kunde, daß Japaner, Russen, Engländer, Amerikaner und Deutsche Tientsin am 20. verlassen würden, um den Entsatz von Peking von neuem zu versuchen. —

Die Chinesen zeigten bis zum 27. Juli nicht allzu große Tätigkeit. Trotzdem aber hatte die deutsche Truppe, die dem Feuer der Chinesen mehr ausgesetzt war, wie die meisten anderen Nationen, bis zum 20. Juli schon 10 Tote, 13 Schwer- und 3 Leichtverwundete zn beklagen. Von 50! —

Am 20. kam vom Yamen ein Brief des ironischen Inhalts, daß man anbei Früchte und Nahrung sende, die bei dem heißen Wetter doch sicherlich ganz nützlich seien. Die Gaben waren durch Visitenkarten vom Prinzen Ching und Tuan, Na tung, Wu ting fen und anderen begleitet. Eine ähnliche Sendung für die Minister und Sir R. Hart kam am 28. an.

Inzwischen hörten die Belagerten gerüchtweise am 25., daß kaiserliche Truppen bei Ho hsi wu geschlagen seien, daß 4000 Mann chinesischer

Soldaten am 26. Peking südwärts verlassen hätten, und am 27., daß bei Tung tschou eine Schlacht geschlagen sei.

Nur zu bald jedoch wurde die Stimmung wieder herabgedrückt, als noch am 28. unklare Nachrichten vom britischen Konsul aus Tientsin umliefen, die nicht davon sprachen, daß eine Entsatzkolonne Tientsin verlassen habe oder verlassen würde! —

Am 2. August indessen erhielt die amerikanische Gesandtschaft Mitteilungen, daß die Truppen am 5. August von Tientsin aufbrechen würden. Da diese Meldung verläßlich erschien, sandte der englische Minister, der 20 Jahre Offizier gewesen, in der Nacht des 5. einen Boten mit einem Briefe an den Kommandeur der verbündeten Truppen aus. Er bezeichnete darin genau die eigenen Stellungen, machte auf das Wassertor als Einbruchspunkt und auf den schlechten Zustand der Mauer in der Chinesenstadt aufmerksam.

Seit dem 4. nahmen die Chinesen das Feuer wieder heftiger auf; Barrikade nach Barrikade hatten sie den Japanern und Franzosen abgerungen, aber immer wieder setzten sich diese in einer neuen, nur wenig weiter zurückliegenden Stellung fest. Besonders heftig war der Angriff in der Nacht des 9. August. Am folgenden Tage erhielt der japanische Oberst Shiba, der die Seele der Verteidigung des Su wang fu war, die

Nachricht von dem japanischen General, daß die Chinesen in zwei großen Gefechten geschlagen, daß die Verbündeten sich bei Ho hsi wu befänden und daß sie am 14. oder 15. August Peking zu erreichen hofften.

Den 12. und 13. tobte das Feuergefecht wieder stärker; die Chinesen, die natürlich Kenntnis von dem nahenden Entsatz hatten, versuchten noch in letzter Stunde, den entscheidenden Erfolg zu erringen. Rascher und immer heftiger wurde ihr Feuer am frühen Morgen des 14., die italienischen und österreichischen Maschinengewehre antworteten und auch die „International" löste sich dröhnend. Näher und näher kamen die ungewöhnlich zahlreichen chinesischen Truppen, und deutlich hörten die Eingeschlossenen die Aufforderungen der chinesischen Offiziere, den schwachen Feind zu überrennen. Immer aber lautete die Antwort „Pu hsing", es geht nicht. —

Zweimal mußte in diesen Stunden die Alarm-Glocke geschlagen werden, um die Reserven zur Abwehr der Feinde heranzurufen. Hitziger und hitziger tobte der Kampf, da — — — däck, däck, däck, däck — hörte man draußen Maschinengewehrfeuer. Das konnte nur die Entsatzkolonne sein. — Bum! — nun sprachen auch Geschütze! Alles lauscht gespannt, kein Zweifel, die Freunde sind's!

Und jäh erstirbt das Feuer der Chinesen, nur noch hier und da wird ein Schuß gelöst.

Von Osten war der willkommene Schall ertönt, von dort hatte man also die Befreier zu erwarten, und bald zeigte es sich, daß heftige Kämpfe an der Nordostecke der Chinesenstadt und am südlichen Osttor in der Tartarenstadt stattfanden. Während an diesen Punkten noch verlustreiches Feuergefecht stattfand, drangen gegen 3 Uhr nachmittags indische Truppen durch das Kanaltor von Süden in das Gesandtschaftsviertel ein. Unbeschreiblich war die Freude, Hurras über Hurras erschollen. War doch die Rettung in der Tat in letzter Stunde gekommen! Sir R. Hart schreibt: „Wenn die Verbündeten am 15. und nicht am 14. angekommen wären, so würde es wohl kaum noch jemand gegeben haben, der die Leiden der Belagerungszeit hätte erzählen können."

Die Inder hatten das Scha wo mönn an der Ostseite der Chinesenstadt nahezu unverteidigt gefunden und waren von hier dann unangefochten bis ans Wassertor gelangt. Die Russen, Franzosen und Japaner erreichten die Tore der Stadt weit früher, aber sowohl am Hsi hwa mönn wie am Tung pien mönn fanden sie energischen Widerstand, der ihnen noch viel Verluste kostete. Erst am Abend des 14. wich der Feind von diesen Plätzen. —

Unterdessen hatten die im Peitang Eingeschlossenen schwere Zeiten durchlebt. Es war ihnen weder möglich gewesen, Nachrichten nach außen gelangen zu lassen, noch solche zu erhalten. Die nur 43 Mann starke, aus Franzosen und Italienern bestehende Schutzwache hatte stark gelitten, der französische Offizier war gefallen, der italienische verwundet. Drei Wochen lang hatten die chinesischen Christen von einem Gemüse aus Baumblättern, welche in ganz dünnem Reiswasser gekocht waren, gelebt, und im Augenblick der Befreiung waren für 2000 Menschen nur noch 50 Pfund Reis vorhanden. —

Schon am 15. Juni hatten die Boxer das Feuer gegen die im Peitang Eingeschlossenen eröffnet, und seit dem 20. hatten sich auch Soldaten mit Geschützen an den Angriffen beteiligt. Die Marinetruppen machten daraufhin einen Ausfall und es gelang ihnen auch, eine Kanone zu erobern und mit fortzuführen.

Unablässig wurden |die heroischen Verteidiger, deren Leiter der Bischof Favier war, von Geschütz- und Gewehrfeuer und tückischen Minen bedrängt. Eine der Minen hatte 70 Menschen verschüttet und die ganze Nordfront verteidigungsunfähig gemacht. Aber nichts geschah von seiten der unentschlossenen Angreifer, diesen Erfolg auszunutzen. —

Unbegreiflich war es, daß die Franzosen nicht sofort alles taten, um ihre Landsleute zu entsetzen, und, daß es den Japanern vorbehalten blieb, die hartbedrängten Priester zu befreien.

Erst am 16. schlug für Favier und seine Leute die Stunde der Erlösung. Zu dieser Unterlassungssünde, die eine Folge mangelnder Oberleitung war, gesellte sich eine andere: man ließ den kaiserlichen Hof entfliehen, während man ihn mühelos hätte in Peking zurückhalten können! Erst am 15. August verließ die Kaiserin-Witwe in der Kleidung einer gewöhnlichen Chinesin, und mit ihr der Kaiser und die Kaiserin, Peking durch das Tö schöng mönn! In einem kleinen Gasthause etwa 20 km nördlich von Peking wurde übernachtet und am nächsten Morgen der Marsch in einer Reisesänfte bis Tschatou fortgesetzt. Von nun an ging die Flucht, immer unter großen Entbehrungen, im langsamen Tempo weiter, bis Hsi gan fu erreicht war.

Deutsche Truppen hatten an dem Entsatz Pekings nicht teilgenommen. Die Kompagnien des Seebataillons waren nach Tsingtau, ein Teil der Matrosen an Bord der Schiffe zurückbeordert worden und den beiden noch vorhandenen Matrosenkompagnie hatte man zunächst den Schutz Tientsins übertragen.

Pei ta ho.

Viele der Pekinger Residenten ziehen sich im Sommer nach diesem Seebadeorte zurück. — Man fährt über Tientsin nach Tangku und von hier bis zur Eisenbahnstation Pei ta ho. Von dort bis zu dem Villenviertel an der See beträgt die Entfernung noch etwa 8 km. An der Bahn sind zahlreiche Esel (à 20 Cts.), chin. Wagen (à 60 Cts.) oder auch Tragstühle (1,50 $) zu haben. Der aufblühende Badeort verdankt seinen Ursprung amerikanischen Missionaren, welche auch heute noch dortselbst schön gelegene und gut ausgerüstete Villen haben. — Die Boxerzeit von 1900 machte alles zu Ruinen. — Eine sandige mit kleinen Klippen durchsetzte Bucht gibt guten Badestrand und die auf den Höhen gelegenen Villen werden von fast allen Seiten von der kräftigen Seeluft umweht und was die Hauptsache, die Gegend ist rein von Chinesen.

Nach 1900 haben sich an der schönen weiten Bucht zwei getrennte Ansiedelungen entwickelt. Am östlichen Teile der Bucht liegt auf der weiter ins Meer vorspringenden Ecke eine internationale Niederlassung, die zwar etwas eng aneinander gebaut ist, aber eine schöne Aussicht auf die sich weit im Westen erhebenden Tschangli-Berge hat. Dem Bedürfnis Rechnung tragend, ist hier auch ein größeres Hotel entstanden. Der schönere Teil ist der ca. 2 km. westlich hiervon liegende deutsche. Mit Platz hat man hier nicht gegeizt. Die großen schönen Villen liegen inmitten weitgedehnter Gartenanlagen. Einige Hundert Meter vom Strande zieht sich eine fortlaufende Villenreihe hin. Die dahinter aufsteigenden Hügel sind gleichfalls von manchen burgartigen Villen gekrönt. Von dort hat man eine prächtige Aussicht über Land und Meer. Ein ständiger Ausflug führt in östlicher Richtung zum Rocky point, einer ins Meer vorspringenden, steil abfallenden Landzunge, die durch einen Leuchtturm gekrönt wird. Unweit liegt eine russische Mission, in deren Garten man eine bei Rocky point ans Land getriebene Mine niedergelegt sieht.

Zeiteinteilung
bei einem 1—5tägigen Aufenthalt in Peking.

1. Tag. Vormittag. Mit Pony oder Rickschah (2 Kulis) durch Ha ta mönn-Straße zum Kettelerbogen — Yang tien li (Cloisonné) — Lama Tempel — Confucius-Tempel und Halle der Klassiker — durch Anting mönn zum — gelben Tempel — von hier durch Töschöng mönn nach — Paukenturm und Glockenturm — dann südwärts durch Kaiserstadt um Kohlenhügel — nach Hause. (4—6 Stunden.)

Nachmittag. Mit Rickschah durch Kaiserstraße nach Himmelstempel — dann eventuell Ackerbautempel — von hier zurück zum Tsien mönn, von da Spaziergang auf Mauer. — (2—3 Stunden.)

2. Tag. Durch Pingtse mönn über Pa li tschwang nach Jü-tsüan-shan — von da über

Sommerpaläste — nach Haitien, in Haitien südlich abbiegen nach Wan shou sze — am Kanal entlang nach Wu ta sze — durch Hsi tschi mönn zurück. (8—10 Stunden.) (Pony.)

3. u. 4. Tag. Besuch der Hsi lings (s. Beschreibung). Für Besuch nötig 1½—2 Tage — oder

3.—5. Tag. Besuch der Ming-Gräber und des Nankonpasses (s. Beschreibung).

Hotels, Postanstalten, Banken.

Hotels: Hotel des Wagons lits (unmittelbar am Bahnhof).
- I. Preis eines Wohn- u. eines Schlafzimmers per Tag . . . . $ 12.—
- II. Preis eines Wohnzimmers per Tag $ 8.—
- III. Pensionspreis für I. per Monat $ 300.—
- „ „ II. „ „ $ 200.—
- IV. Heizung wird pro Tag mit $ 0.50 extra berechnet.
- V. Monatspreis für 2 Mahlzeiten tägl. $ 60.00
- VI. Reisesänften etc. werden durch gewerbsmäßige Führer besorgt, welche zugleich die Stelle eines Boys oder Kochs vertreten.

ad. I. II. und III. Die Preise verstehen sich inkl. voller Verpflegung sowie einschließlich Badezimmers.

Hotel du Nord (Ha ta mönn Straße, 10 Minuten vom Bahnhof).
I. Preis eines Zimmers (mit Bad) per Tag $ 5.00
II. Pensionspreis für einen Monat (mit Bad) $ 120.00
III. Preis des Mittag- und Abendessens je $ 1,50.
Bei I. und II. sind Mahlzeiten inbegriffen.
Hotel de Peking (Viale d'Italia).
Hotel Middel Kingdom (Ha ta mönn Straße).
Peking Club. Nur für Mitglieder oder von Mitgliedern eingeführte Besucher.
Zimmer (ohne Beköstigung) . . . $ 2.50
(5 Minuten vom Bahnhof im Gesandtschaftsviertel).
Postanstalten. Deutsche Post, neben Kanaltor.
Japanische Post gegenüber Hongkong Schanghai Bank, Gesandtschaftsstraße.
Französische Post, gegenüber der deutschen Gesandtschaft, Gesandtschaftsstraße.
Russische Post gegenüber der holländischen Gesandtschaft, Gesandtschaftsstraße.
Kaiserlich chinesische Post.

Banken. Deutsch asiatische Bank, Hongkong and Schanghai Bank, Russisch-chinesische Bank, The Jokohama Specie Bank } Gesandtschaftsstraße.

Hospital. St. Michel, Gesandtschaftsstraße, Methodisten, Gesandtschaftsstraße.

Apotheken. In der Ha ta mönn Straße.
Pony-Verleihinstitute. Luini — Viale d'Italia.

Preise für Rickschahs, Karren etc.

Rickschahs: Überall erhältlich: Man zahlt: für kurze Fahrten (1 Kuli) 5—10 cts.
„ 1 Stunde ist die übliche Gebühr 20 cts.
„ 2 „ „ „ „ „ 30 „
„ 3 „ „ „ „ „ 40 „
Nimmt man zwei Kulis, so zahlt man die Hälfte des obengenannten Betrages mehr.

Karren:
1 geschlossener Karren innerhalb Peking pro Tag 1—1,50 $ einschl. Futter für 1 Tier.
1 geschlossener Karren außerhalb Peking pro Tag 1,50—2,00 $ einschl. Futter für 1 Tier.
1 Gepäckkarren in Peking 0,70—1,00 $ mit 1 Tier einschl. Futter.
1 Gepäckkarren außerhalb Peking 2,50 bis 3.00 $ mit 2 Tieren einschl. Futter.

Reitpferde:
pro Tag 1,50—2,25 $ (außer Futter), Futterpreis für 1 Tier täglich 0,40—0,50 $, Quartiergeld pro Person täglich 0,50—0,75 $ (jenseits der großen Mauer und in weniger besuchten Gegenden weit billiger).

Tragstuhl:
von 2 Tieren getragen pro Tag 2,00—3,00 $.

Tragtiere: pro Tag 1,00—1,25 $.

Geldverhältnisse in Tschili.
(nach der Brigade-Zeitung)

Der Silberdollar wird jetzt in der ganzen Ebene von Tschili gern angenommen, auch im Gebirge an den großen Verkehrsstraßen, abseits davon ist der Silbertael vorteilhafter, Centstücke sind noch wenig bekannt. Ganz schlaue Gasthof- und Fuhrwerksbesitzer machen wohl schon gern die Rechnung in Dollars, weil bei den runden Summen mehr für sie abfällt. Der Reisende tut aber gut, die Rechnung in Käsch zu verlangen, sie wird dann kleiner sein.

Die neuen gemünzten Käsch ohne Loch (tung dsör) werden nur erst in Tientsin, an der Eisenbahn und in deren nächster Umgebung genommen. In den anderen Städten — Peking ausgenommen — und auf dem Lande wird durchweg mit „großen" Käsch bezahlt, von denen etwa 800 auf 1 $ und etwa 1100 auf 1 Tael gehen. Der Kurs schwankt stark, man muß manchmal auch mit 100 Käsch weniger zufrieden sein, außerdem verliert man immer beim Abwiegen der Taelstücke, da die Wage der Wechselbank stets geringeres Gewicht angibt als die Wage der Bank, bei der man die Taels eingekauft hat, und als die eigene Wage, auch wenn man diese bei derselben Bank gekauft hat.

Die „großen" Käsch werden nun in verschiedenen Gegenden ganz verschieden gewertet: In

Tientsin und südlich davon, auch westlich Pekings sind 500 Stück große Käsch (da tjen) zu einer Rolle zusammengebunden, die rechnerisch 1000 kleine Käsch (tjing-tjen) sind. Östlich Pekings und nördlich Tientsins wird nach dung-tjen oder tjä tjen gerechnet und sind 333 Stück große Käsch zu einer Rolle vereinigt, die rechnerisch 2000 dung tjen sind. Im Gebirge nördlich Pekings wird oft nach baorl tjen gerechnet, wonach eine Rolle von 333 Stück großen Käsch als 1000 baorl tjen gilt.

In Peking und seiner nächsten Umgebung wird mit da go tjen bezahlt, von dem 1 Stück den Wert von 2 großen Käsch hat und 300 Stück eine Rolle bilden. Rechnerisch sind 5 Stück da go tjen $= 100$, 50 Stück $= 1000$, 1 Rolle also $= 6000$.

1000 Käsch heißen 1 dian, es sind also:
500 große Käsch $= 1$ dian tjing tjen,
333 „ „ $= 2$ dian dung tjen
oder $= 1$ dian baorl tjen,
300 Peking-Käsch $= 6$ dian da go tjen.

Die Rollen sind niemals vollzählig, da der Wechsler einige Käsch als Verdienst beansprucht. Man findet gewöhnlich auf einer Rolle tjing tjen statt 500 nur 480, auf einer Rolle dung tjen statt 333 nur 327 große Käsch und auf einer Rolle da do tjen statt 300 nur 294 Peking-Käsch. Wenn eine ganze Rolle bezahlt wird nimmt man keine Rücksicht darauf, daß einige Käsch an dem vollen

Tausend fehlen, bei kleineren Beträgen müssen aber die Käsch richtig abgezählt werden. Wieviel Käsch nach den verschiedenen Rechnungsarten zu einander gelten, mag folgende Tabelle veranschaulichen:

Gemünzte Käsch tung dsör		Große Käsch				Peking Käsch da go tjen	
Stückzahl	Wert in großen Käsch	Stückzahl da tjen	Rechenwert in tjing tjen	dung tjen	baorl tjen	Stückzahl	Rechenwert
		1	2	6	3		
		2	4	12	6	1	
1	5	5	10	30	15		
1	10	10	20	60	30	5	100
1	20	20	40	120	60		
		100	200	600	300	50	1000
		162	333	1000	500		
		333	666	2000	1000		
		500	1000	3000	1500		
		600	1200	3600	1800	300	6000

Es gibt auch Käsch-Papiergeld und es wäre sehr bequem, Bankscheine von 1—10 dian mitzunehmen, aber die Scheine der Privatbanken gelten nur soweit, wie die betreffende Bank als gut und sicher bekannt ist, selten über 2 Tagemärsche hinaus; Provinzialbanknoten sind aber sehr schwer zu erhalten. Dollarnoten werden abseits der Bahn nicht angenommen. Es bleibt also dem Reisenden nur übrig, viele Dollars mitzunehmen und diese in Käsch umzurechnen, Taelstücke müssen auf einer Bank in Käsch umgewechselt werden. Stücke von 10 Taels sind die angenehmsten, größere Stücke können nicht mehr überall gewechselt werden und das Durchschneiden der Silberklumpen ist sehr schwierig. Da es Banken nur in den Städten und wenigen größeren Dörfern gibt, muß man in Gegenden, wo der Dollar nicht gilt, eine Kiste voll Käsch mit sich führen.

www.ingramcontent.com/pod-product-compliance
Lightning Source LLC
Chambersburg PA
CBHW020417230426
43663CB00007BA/1199